누가 그들을 죽였는가?

천안함 살인사건의

10가지 물리적 증거

【 알림 】

1. 정부와 국방부의 천안함 범죄를 완전하게 증명한 이 책(증정본)을 '문재인 대통령, 김정은 위원장, 임종석 비서실장'에게 보냈다. 그리고 서훈 국가정보원장, 정경두 국방부 장관, 강경화 외교부 장관, 조명균 통일부 장관에게 보냈다.

2. 이 책의 상당 부분은 〈한 사람을 기다리며 천안함을 고발하다1.2〉 (한민국, 2015; eBook 합본, 2018)에 근거하였다.

3. 나는 이 책의 주장에 대하여 법적 책임을 질 것을 약속한다. 나의 주장에 대한 법적 책임을 위하여 2015년 7월 15일에 함장과 국방부를 46장병들에 대한 살인혐의로 검찰에 고발하였다. 이후 검찰의 기각, 고등검찰청에 항고 및 기각, 법원에 재정신청 및 기각이 있었다. 현재는 정부와 국방부가 저를 "무고죄(誣告罪)"로 고발해 주기를 기다리고 있다.

4. 이 글이 천안함 46장병들의 유가족, 함장과 지휘관 및 생존자들, 문재인 대통령과 정부관계자들, 김정은 위원장과 북한지도자들, 국방부 및 해군관계자들, 검찰과 천안함 재판부, 국가정보원, 수사기관 내지 정보기관, 남북의 외교관계자, 그리고 UN관계자에게 전달되기를 희망한다. 끝.

누가 그들을 죽였는가?
천안함 살인사건의 10가지 물리적 증거

한민국

차례

여는 글   6

제1장 조작이 불가능한 10가지 물리적 증거

1. 모든 범죄분석의 기초는 인과관계 검증이다   21
2. 조작이 불가능한 10가지 물리적 증거   30
3. 인과관계 검증에 사용할 수 없는 물리적 증거들   50
4. 인과관계 검증에 사용할 수 없는 증언들   68

제2장 북한의 어뢰공격이 불가능한 이유

1. 국방부 어뢰공격설 요약   73
2. 어뢰공격이 불가능한 이유   75

제3장 잠수함 충돌이 불가능한 이유

1. 잠수함 충돌설 요약   91
2. 잠수함 충돌이 불가능한 이유   91

제4장 모든 외부충격이 불가능한 이유

1. 모든 외부충격과 물리적 증거의 인과관계 검증   109
2. 종합 및 결론   115

제5장 모든 물리적 증거와 일치하는 유일한 반파원인

1. 수밀문 폐쇄 주장 요약　　　　　　　　　　　119

2. 모든 물리적 증거는 하나의 원인을 가리킨다　　128

제6장 천안함 범죄의 재구성

1. 밤 9시 15분 좌초하다　　　　　　　　　　　149

2. 밤 9시 33분 백령도 서해로 향하다　　　　　155

3. 천안함 우현으로 넘어가다　　　　　　　　　159

4. 밤 9시 45분 반파하다　　　　　　　　　　　165

5. 천안함 조작이 시작되다　　　　　　　　　　171

6. 대한민국과 세계를 대상으로 범죄를 저지르다　188

제7장 천안함 범죄를 고발하며

1. 누가 수밀문을 폐쇄하였는가?　　　　　　　　194

2. 좌초 후 수밀문 폐쇄는 살인행위이다　　　　　198

3. 천안함 살인사건의 용의자들　　　　　　　　201

4. 천안함 재판을 준비하며　　　　　　　　　　207

5. 천안함의 진실을 위하여　　　　　　　　　　211

청와대 국민청원　　　　　　　　　　　　　　　220

여는 글 _____

이제 끝내야 한다. 기필코 끝내야 한다. 죽은 자의 원통함도, 살아남은 자의 끝없는 고통도 모두 끝내야 한다.

이제 끝내야 한다.

언제까지 천안함의 진실을 감추고, 천안함 장병들의 원통한 죽음을 외면할 것인가? 언제까지 천안함 생존 장병들이 침묵을 강요당하면서 하루하루 고통스럽게 살아가도록 할 것인가? 언제까지 천안함 범죄자들이 온갖 조작과 거짓말로 국민들을 희롱하는 상황을 방치할 것인가?

오직 진실(True)이다.

천안함 사건을 끝내는 유일한 방법은 "진실(True)"이다. 그 진실이 아무리 고통스러울지라도 오직 진실만이 천안함 사건을 끝낼 수 있다. 진실은 강하다. 오직 진실만이 죽은 자의 원통함을 달래고, 살아남은 자의 고통을 끝내고, 유가족의 아픔을 보듬을 수 있다.

천안함 사건을 정치적으로 이용하지 마라.

대한민국 정부와 국방부에 경고(警告)한다. 더 이상 거짓말과 조작(造作)으로 국민들을 우롱하지 말라. 문재인 대통령과 정부는 더 이상 국방부의 조작과 거짓말을 용납하지 말라. 어떠한 경우에도 천안함 사건을 정치적으로 이용하지 말고, 국민들을 속이지 말라.

천안함 사건의 발생부터 지금까지 이명박 박근혜 정부는 천안함 사건을 정치적으로 이용하였다. 정치적 이해관계에 따라 천안함 사건을 아무런 근거 없이 '북한의 어뢰공격에 의한 반파'라고 떠들었다. 대통령과 정치인들은 자신들의 이해관계에 따라 천안함 사건을 북한의 어뢰공격으로 규정하고, 북한의 지도자들을 천안함 장병들의 살인자로 만들었다. 그 사이 국민들은 혼란에 빠지고, 서로를 의심하면서 반목하였다.

문재인 정부에 고(告)한다.

특별히 문재인 정부에 고(告)한다. 대통령과 정부가 진실을 외면하고 침묵하는 것 역시 국민을 속이는 행위이다. 야당이나 국민들의 반대가 두려워서 천안함의 진실을 밝히지 않는 것 역시 천안함 사건을 정치적으로 이용하는 행위이다. 천안함 사건은 결코 정치적 이해관계로 접근해서는 안 된다. 그것은 용기 있는 정치지도자의 길이 아니다.

문재인 대통령과 권력핵심은 이미 천안함 사건의 진실을 알고 있다. 문재인 대통령은 국방부 발표를 믿지 않았던 사람이다. 문재인 대통령은 군 통수권자로서 이명박 박근혜 정부의 대표적 범죄인 천안함 사건을 보지 않을 수 없다.

천안함 사건의 진실을 알고 있는 대통령과 정부는 천안함 사건의 조작을 방관해서는 안 된다. 문재인 정부에서도 국방부는 조작된 증거와 거짓증언으로 천안함 재판부를 기만하고 있다. 국방부는 시간이 조작된 CCTV 동영상 및 TOD 동영상을 헌법기관인 재판부에 제출하였다. 이러한 행동은 헌법기관을 부정하는 것이요, 바로 헌법을 부정하는 것이다. 그러함에도 문재인 대통령과 권력자들은 천안함의 진실에 대하여 침묵할 것인가?

언제까지 침묵할 것인가?

문재인 대통령은 김정은 위원장과 웃으며 악수하고, 북한을 동반자 관계로 세계에 선포하였다. 그러면서 문재인 정부는 김정은 위원장을 천안함 장병들의 살인자로 규정한 국방부의 입장을 지지하고 있다. 대통령과 정부는 천안함 사건의 진실에 침묵하면서 유가족이 참여하는 천안함 행사를 피하고 있다. 정부 홈페이지에서 이전 정부가 조작한 천안함 사건의 내용을 지우고 있다. 또한 이전 정부가 천안함 사건에 대한 대응으로 발동시킨 5.24조치(북한에 대한 제제조치)의 해제를 시작하고 있다. 이러한 어정쩡한 행동으로 천안함 문제를 결코 해결할 수 없다.

대통령과 정부는 천안함 사건의 진실에 대해서 침묵해서는 안 된다.

천안함 사건의 조작이 나의 책임이 아니라고 방관해서도 안 된다. 대통령이 천안함 사건의 주요 책임자인 국방부의 조직적 반발이 무서워 비겁하게 숨어서도 안 된다.

오직 진실만이 천안함 사건을 끝낼 수 있다.

천안함 사건을 끝낼 수 있는 유일한 방법은 "진실"이다. 오직 진실만이 천안함 범죄를 해결할 수 있는 유일한 방법이다. 국민이 선출한 대통령이 국민을 믿지 못하고, 국민을 거짓으로 기만해서는 안 된다. 대통령이 진실을 말하면 국민들이 감당하지 못할 것이라 자기 멋대로 판단해서는 안 된다. 대통령은 국민의 지혜와 힘을 믿고, 국민들에게 오직 진실만을 말해야 한다.

대통령으로서 국방부의 눈치를 봐야 한다면, 야당과 반대자들의 눈치를 봐야 한다면, 하여 천안함의 진실을 공개할 용기가 없다면……, 그래 좋다. 최소한 헌법을 수호하는 대통령으로서 국방부가 조작된 증거로 헌법기관인 재판부를 기만하지 않도록 하라. 문재인 대통령은 민주주의 근간을 뒤 흔드는 국방부의 시대착오적 행위를 중지하도록 하라.

국방부는 국민을 상대로 심리전(心理戰)을 벌였다.

정부와 국방부가 주장하는 북한의 어뢰공격은 100% 거짓이요, 100% 조작이다. 단 1%의 진실 가능성도 없는 "새빨간 거짓말"이다. 국방부는 국민들에게 조작된 증거를 제시하고, 언론을 동원하여 북한의 어뢰공격을 천안함의 반파원인이라 선전하였다. 생존자들에 침묵을 강요하고, 46장병들의 유가족을 속이고, 국민들이 북한의 어뢰공격을 믿게 하였다. 한마디로 국방부가 온 국민을 상대로 적군에게 사용하는 심리전(心理戰)을 벌인 것이다. 21세기 대한민국에서 국방부가 자국민을 상대로 심리전을 벌이다니.......

모든 범죄분석의 기초는 인과관계 검증이다.

모든 범죄분석의 기초는 인과관계 검증이다. 천안함 반파원인이 진실(True)이라면 그 반파원인과 모든 반파결과들 사이에 필연적 인과관계가 성립해야 한다. 진실이 되는 반파원인에서 모든 반파결과들이 발생하였기 때문이다. 따라서 반파원인과 반파결과들 사이에 100% 인과관계가 성립하지 않을 경우에 그 반파원인은 거짓이다. 이러한 인과관계 검증으로 천안함 반파원인에 대한 모든 주장과 논쟁들, 반파원인과 관련된 모든 증거들, 그리고 반파원인과 관련된 모든 증언들의 진위(True or False)를 완전히 검증할 수 있다. 국방부나 누구도 조작할 수 없는 10가지 물리적 증거들을 이용한 인과관계 검증으로 천안함의 반파원인에 대한 모든 논쟁과 의문을 종결할 수 있다.

누구도 조작할 수 없는 천안함의 반파모습은 제1의 물리적 증거이다. 천안함의 반파모습은 반파원인을 직접 보여주며, 또한 너무도 거대해서 국방부나 어떤 누구도 조작할 수 없다. 천안함의 반파모습은 좌현보다 우현의 손상이 훨씬 크고, 좌현하단보다 우현하단의 손상이 훨씬 크다. 또한 좌현상단이 크게 팽창하고, 동시에 우현하단이 크게 수축하였다.

모든 의문과 논쟁은 끝났다.

지금까지 천안함 사건에 대한 모든 의문과 논쟁은 인과관계 검증으로 이미 끝났다. 국방부나 어떤 누구도 조작할 수 없는 10가지 물리적 증거들과 인과관계 검증에서 국방부의 어뢰공격 주장이 100% 거짓(False)이라는 사실이 증명되었다. 그리고 신상철과 네티즌이 주장하는 잠수함 충돌이 100% 거짓이라는 사실이 증명되었다. 지금까지 신문방송과 인터넷에 제기된 "어뢰공격 주장, 기뢰폭발 주장, 잠수함 충돌 주장, 좌초 후 잠수함 충돌 주장, 좌초로 인한 반파 주장" 등이 모두 100% 거짓이라는 사실이 증명되었다. 누구도 조작할 수 없는 10가지 물리적 증거를 이용한 인과관계 검증으로 어떠한 외부충격에 의한 반파도 불가능하다는 사실이 100% 증명되었다.

또한 어떤 누구도 조작할 수 없는 10가지 물리적 증거들과 100% 인과관계가 성립하는 유일한 반파원인을 증명하였다. 천안함의 반파모습과 100% 일치하는 유일한 반파원인을 검증하고, 함장과 국방부가 살인용의자라는 사실을 증명하였다.

어뢰공격은 100% 거짓이요, 100% 조작이다.

정부와 국방부의 주장대로 어뢰가 좌현하단 아래에서 폭발할 경우에 좌현하단보다 우현하단의 손상이 큰 것은 불가능하다. 또한 우현하단 이 크게 수축하면서 좌현상단이 팽창하는 것은 불가능하다. 또한 천안 함의 반파와 동시에 함미가 바다 속으로 사라지는 것은 불가능하다. 국 방부의 어뢰공격 주장과 천안함의 반파모습 사이에 인과관계가 전혀 성 립하지 않는다.

또한 함미의 장병들이 큰 상처 없이 익사하는 것이 불가능하며, 함수 의 장병들이 큰 상처 없이 생존하는 것이 불가능하다. 또한 우현 스크 루 프로펠러의 날개들이 모두 안쪽으로 휘어지는 것이 불가능하고, 함 미에 좌초흔적이 발생하는 것이 불가능하다.

따라서 국방부의 어뢰공격 주장은 100% 거짓(False)이요, 어뢰공격 증거는 100% 조작(造作)이다. 단 1%의 진실(True) 가능성도 없는 새빨 간 거짓말이다. 조작이 불가능한 물리적 증거와 일치하지 않는 어떠한 증언도, 어떠한 증거도 진실이 아니다.

지금까지 신문방송과 인터넷에서 제기된
모든 반파원인은 거짓이다.

아울러 천안함의 조작이 불가능한 물리적 증거들에 대한 인과관계 검증은 국방부의 어뢰공격 주장뿐만 아니라 그 반대자들의 주장도 모 두 거짓(False)이라는 사실을 보여준다. 그동안 신문방송과 인터넷에서 반파원인으로 제기된 '잠수함 충돌설, 좌초 후 잠수함 충돌설, 기뢰폭발설, 그리고 단순좌초설'은 모두 100% 거짓(False)이다. 단 1%도 진실일 가능성이 없다. 이러한 주장들은 조작이 불가능한 10가지 물리적 증거들과 1~3개에서 인과관계가 성립할 뿐이다. 이러한 검증결과는 그동안 신문방송과 인터넷에서 제기된 반파원인들이 모두 거짓(False)이라는 명백한 증거이다. 인과관계 검증에서 진실(True)이 되는 반파원인은 모든 반파결과들과 100% 인과관계가 성립해야 한다. 진실이 되는 반파원인에서 모든 반파결과들이 발생하였기 때문이다.

천안함의 좌초 후 수밀문이 폐쇄되었다.

나는 좌표분석과, 조작이 불가능한 물리적 증거들을 근거로 좌초 후 수밀문 폐쇄가 장병들의 사망 및 천안함 반파의 유일한 원인이라 주장한다. 천안함이 밤 9시 15분경에 대청도 서해에서 좌초한 후 함미에서 함수로 통하는 수밀문이 폐쇄되고, 이후 백령도 서해로 이동하면서 북방한계선(NLL)을 앞두고 좌회전을 시도하였다. 그러나 함미에 바닷물이 들어찬 천안함은 회전관성을 이기지 못하고 우현으로 넘어가고, 곧바로 함미가 가라앉았다. 이때 가라앉은 함미를 끌어올리기 위하여 스크루 프로펠러를 최대로 작동하면서 스크루 프로펠러가 손상되었다. 스크루 프로펠러의 손상으로 동력을 잃은 천안함은 남동쪽으로 표류하다가 밤 9시 45분경에 공중으로 솟은 함수가 부러졌다. 천안함은 공중으로 솟은 함수와 수면 아래 함미의 무게중심부분에 가해지는 강력한 절단스트레스로 반파되었다. 사고당일 파도의 운동과, 함미에 가득한 바닷물의 운동이 교차하면서 천안함에 강력한 절단스트레스가 가해진 것이다. 이러한 수밀문 폐쇄 주장과 조작이 불가능한 10가지 물리적 증거 사이에 인과관계가 성립하는가? 수밀문 폐쇄 주장이 모든 반파결과들과 인과관계가 100% 성립하는가? 문제는 검증이다.

수밀문 폐쇄 주장과 10가지 물리적 증거 사이에 모두 인과관계가 성립한다.

천안함은 우현으로 넘어가고 함미가 가라앉은 상태였으며, 그로 인해 천안함의 우현하단에 가해지는 수축압력과 좌현상단에 가해지는 팽창압력으로 반파되었다. 이러한 이유로 천안함은 좌현하단보다 우현하단의 손상이 훨씬 크고, 우현하단이 크게 수축하면서 좌현상단이 크게 팽창하였다. 그리고 좌초에서 반파까지 30여분 동안 함미에 바닷물이 들어찼기 때문에 천안함의 반파와 동시에 함미가 바다 속으로 가라앉았다. 천안함의 반파 후 단 "1초"만에 함미가 바다 속으로 사라졌다. 또한 천안함의 반파 전에 함미에 바닷물이 가득했기 때문에 함미의 장병들은 큰 상처 없이 익사하였다. 또한 함미가 가라앉은 상태에서 공중으로 솟은 함수가 부러졌기 때문에 생존 장병들은 큰 부상을 입지 않았다. 또한 함미에서 함수로 통하는 수밀문이 폐쇄되었기 때문에 함수의 장병들은 옷이 바닷물에 젖지 않았다. 또한 바다 속에 가라앉은 함미와, 공중으로 솟은 함수의 무게중심부분에 절단스트레스가 가해졌기 때문에 천안함은 중간보다 조금 뒤쪽 부분(=무게중심부분)이 절단되었다.

좌초 후 수밀문 폐쇄가 46장병들이 사망원인이다.

이러한 인과관계 검증으로 좌초 후 수밀문 폐쇄가 천안함 반파 및 장병들 사망의 유일한 원인이라는 사실을 증명하였다. 좌초 후 수밀문 폐쇄 외에 다른 어떠한 반파원인도 조작 불가능한 모든 반파결과들과 인과관계가 성립하지 않는다. 따라서 좌초 후 수밀문 폐쇄만이 장병들의 사망 및 천안함 반파의 유일한 원인이다.

천안함의 좌초상황에서 수밀문 폐쇄는 함미의 장병들을 탈출시키면서 함미에서 함수방향으로 차례로 이루어져야 한다. 함장과 지휘관들은 좌초상황에서 장병들의 생명을 구할 수 있는 수밀문 폐쇄원칙을 반드시 지켜야 한다. 또한 천안함이 대청도 서해에서 좌초한 경우에 장병들이 위험에 처하지 않도록 가까운 대청도로 피신해야 한다. 그것도 아니라면 함장과 지휘관들은 수밀문을 개방하고, 함미의 장병들과 함께 바닷물과 싸우고, 함미의 장병들과 함께 탈출해야 했다. 아아! 그랬더라면......, 46장병들이 그렇게 원통하게 죽음을 맞이하지 않았을 것이다.

함장과 국방부는 살인용의자이다.

조작이 불가능한 10가지 물리적 증거들은 좌초 후 수밀문 폐쇄가 장병들 사망의 직접적 원인이라는 사실을 분명하게 보여준다. 그리고 좌초 후 반파까지 계속된 수밀문 폐쇄의 책임은 기본적으로 함장과 국방부에 있다. 따라서 함장과 국방부에 46장병들에 대한 살인혐의가 있고, 특히 '미필적 고의에 의한 살인혐의'가 성립할 가능성이 매우 높다. 이러한 이유에서 함장과 국방부는 천안함 46장병들의 살인용의자이다. 또한 천안함 사건은 국방부가 주장하는 '천안함 피격사건'이 아니라 '천안함 살인사건'이라 할 수 있다. 하여 나는 2015년 7월에 함장과 국방부를 천안함 46장병들에 대한 살인혐의로 검찰에 고발하였다.

천안함은 역사문제이다.

"2010년에는 백령도 해상에서 천안함을 어뢰 공격으로 폭침시켜 46명을 사망케 하였다."

– 교학사 한국사교과서 내용의 일부 –

한국사 교과서에 천안함 사건이 실렸다. 역사교과서에 천안함 사건이 '북한의 어뢰 공격에 의한 침몰'로 기술되었다. 천안함이 북한의 어뢰공격으로 침몰한 것으로 우리 아이들이 역사를 배우다니! 우리 아이들이 그렇게 날조된 역사를 배우다니!

천안함은 이제 역사문제가 되었다. 역사기술에 단 한글자도 거짓이 있어서는 안 된다. 역사기술에 한 점의 의혹도 있어서는 안 된다. 치욕(恥辱)의 역사 또한 역사이다. 어떠한 이유에서도 거짓의 역사(歷史)를 만들 수 없다.

문재인 대통령은 역사의 죄인이 되지 마라.

지금까지 천안함 사건을 조작하고, 온갖 거짓말로 국민들을 기만한 국방부에 경고한다. 또한 국방부의 계속되는 거짓말과 조작을 방조하는 문재인 대통령과 촛불정부에 경고한다. 천안함 사건을 조작하는 사람만이 역사의 죄인이 아니다. 천안함 사건의 진실을 알고 있으면서 침묵하는 사람 역시 역사의 죄인이다. 역사의 진실을 가로막은 어떠한 거짓도, 어떠한 침묵도 용납될 수 없다. 천안함 사건에 대한 거짓과 침묵은 어떠한 이유로도 정당화될 수 없다.

이제 천안함 사건은 역사(歷史)요, 천안함의 진실을 밝히는 투쟁은 역사전쟁(歷史戰爭)이다. 천안함의 거짓된 역사를 정당화하는 어떠한 사상과 이념도, 어떠한 정치세력도, 그 어떠한 논리와 주장도 모두 역사의 적(敵)이다. 이것이 내가 목숨 걸고 천안함 범죄를 밝히려는 이유요, 우리가 천안함의 진실을 끝끝내 밝혀야 하는 궁극의 이유이다.

역사 앞에서 한민국 올림

제1장

조작이 불가능한 10가지 물리적 증거

지금까지 천안함 사건과 관련된 국방부의 발표에 대하여 수많은 의문과 논쟁이 계속되고 있다. 신문방송과 인터넷을 통해서 사람들은 특정한 물리적 증거나 증언을 기초로 자신들의 반파원인을 주장한다. 그러나 그들의 주장에서 많은 물리적 증거들이 서로 모순되는 경우가 많으며, 사람들이 주장하는 반파원인은 너무도 많다. 이러한 속에서 정부와 국방부의 어뢰공격 주장은 아직까지 국민들이 가장 지지하는 천안함의 반파원인이다.

천안함의 반파원인에 대한 대부분 주장은 어뢰공격설, 좌초 후 잠수함 충돌설, 잠수함 충돌설, 기뢰설, 그리고 좌초설로 분류할 수 있다. 이러한 5가지 주장들은 크게 좌현하단에서 충격이 발생했다는 주장과, 우현하단에서 충격이 발생하였다는 주장으로 분류된다.

예를 들어, 정부와 국방부는 좌현하단 아래에서 어뢰가 폭발했다고 주장한다. 그러나 국방부의 어뢰폭발 주장을 지지하는 일부 네티즌은 우현하단 아래에서 어뢰가 폭발했다고 주장한다. 신상철과 네티즌은 좌현하단에 잠수함이 충돌했다고 주장하고, 일부 네티즌은 우현하단에 잠수함이 충돌했다고 주장한다. 좌초로 천안함이 반파되었다는 주장도 좌현하단이 암초와 충돌해서 반파되었다는 주장과, 우현하단이 암초와 충돌해서 반파되었다는 주장이 있다. 그 외에도 반파원인에 대한 소수의견들이 있다.

이 글에서 신문방송과 인터넷에 제기된 반파원인을 모두 소개할 수 없다. 반파원인에 대한 주장들이 너무도 많기 때문이다. 서로 모순이 되는 많은 물리적 증거들과 증언들, 그리고 너무도 다양한 주장들이 있다. 그 속에서 국민들은 혼란에 빠졌다. 천안함의 진실은 수많은 증거와 증언들의 홍수 속에 파묻혔다.

그러면 천안함 사건의 진실이 혼란스러운 이유는 무엇인가? 이러한 혼란스러운 결과의 근본적 이유는 무엇인가? 천안함의 반파원인에 대한 수많은 주장과 논쟁을 한 번에 종결할 수 있는 방법은 없는가? 천안함과 관련된 수많은 물리적 증거와 증언들에서 무엇이 진실(True)이고, 무엇이 거짓(False)인가? 진실과 거짓을 가릴 수 있는 확실한 방법은 없는가?

1. 모든 범죄분석의 기초는 인과관계 검증이다

지금까지 신문방송과 인터넷에서 제기된 주장들에서 무엇이 진실(True)이고, 무엇이 거짓(False)인가? 지금까지 제기된 수많은 증거와 주장들을 어떻게 검증할 것인가? 다행히도 천안함의 반파원인을 완벽하게 규명할 수 있는 검증방법이 있다. 지금까지 제기된 모든 주장들의 진위여부(True or False)를 정확하게 검증할 수 있는 방법이 있다. 또한 그 검증방법은 매우 간단하다. 바로 우리들이 잘 알고 있는 **인과관계(因果關係)를 이용한 검증**이다.

인과관계는 어떠한 원인과 결과들 사이의 필연적 관계이다.

인과관계는 어떠한 원인과 뒤따르는 결과들 사이의 필연적 관계이다. 여기서 원인은 시간적으로 앞서는 사건이고, 결과는 시간적으로 뒤따르는 사건이다. 그리고 필연적 관계는 어떠한 원인이 발생할 경우에 반드시 어떠한 결과가 발생하는 관계를 말한다. 따라서 '인과관계가 있다'는 것은 '원인과 결과들 사이에 필연적 관계가 성립한다'는 것이다. 반대로 '인과관계가 없다'는 것은 '원인과 결과들 사이에 필연적 관계가 성립하지 않는다'는 것이다.

인과관계 검증은 모든 범죄분석의 기초이다.

인과관계 검증은 행동분석의 기초이자, 모든 범죄분석의 기초이다. 인과관계 검증은 어떠한 원인과 모든 결과들 사이의 필연적 인과관계를 검증하는 방법이다. 인과관계 검증에서 어떠한 원인이 진실(True)이 되기 위해서는 그 원인과 모든 결과들 사이에 필연적 인과관계가 성립해야 한다. 왜냐하면 진실이 되는 원인에서 모든 결과들이 발생하였기 때문이다. 여기서 핵심은 "진실(True)이 되는 원인은 모든 결과들과 인과관계가 성립한다"는 사실이다. 어떠한 원인과 모든 결과들 사이에 단 1가지 결과라도 인과관계가 성립하지 않을 경우에 그 원인은 당연히 거짓(False)이다. 엄격하게 말해서 100% 거짓이다. 이러한 인과관계 검증은 수많은 증거와 주장의 홍수 속에서 천안함의 반파원인을 완벽하게 검증할 수 있는 보배로운 칼이다.

지금까지 천안함 사건에 대한 인과관계 검증이 없었다.

그러나 지금까지 천안함의 반파원인과 반파결과들 사이의 인과관계 검증이 제대로 없었다. 정부와 국방부가 주장하는 어뢰공격을 지지하는 사람들도, 국방부 어뢰공격 주장에 반대하는 사람들도 모두 인과관계 검증을 실시하지 않았다.

지금까지 천안함의 반파원인은 수많은 의문과 논쟁 속에 있다. 정부와 국방부가 주장하는 어뢰공격을 지지하는 사람들과, 그 반대자들은 서로 다른 물리적 증거와 증언을 기초로 상대방을 공격한다. 그리고 상대방의 주장과 인과관계가 성립하지 않는 물리적 증거로 상대방의 주장을 무너뜨린다. 이러한 논쟁이 무려 9년째이다. 끝나지 않는 이 논쟁의 원인은 무엇인가? 그 원인은 정확한 인과관계 검증이 없었기 때문이다.

천안함의 반파원인을 주장하는 사람들은 서로 모순되는 물리적 증거나 증언들에서 일부를 근거로 특정한 반파원인을 주장한다. 이러한 검증은 엄격하게 말해서 인과관계 검증이 아니다. 인과관계 검증은 어떠한 반파원인과 모든 반파결과들 사이의 필연적 인과관계를 검증해야 한다. 잘못된 인과관계 검증문제에서 상식과 합리성을 강조하는 시민 단체나 네티즌, 그리고 언론인도 예외가 아니다.

예를 들어보자. 정부와 국방부의 어뢰공격 주장에 반대하는 상당수의 사람들이 신상철 및 네티즌이 주장하는 잠수함 충돌설을 지지한다. 신상철과 네티즌이 주장하는 잠수함 충돌설은 영화 〈천안함 프로젝트〉(백승우 감독, 2013)에 자세하게 소개되었다. 이들은 천안함의 좌현하단에 잠수함이 충돌해서 천안함이 우현으로 넘어갔다고 주장한다. 이러한 주장이 진실(True)인가, 거짓(False)인가? 그 대답은 명백하다. 정확히 100% 거짓이다. 단 1%의 진실가능성이 없다. 그 이유는 잠수함 충돌과, 조작이 불가능한 물리적 증거들 사이에 인과관계가 전혀 성립하지 않기 때문이다.

천안함의 수많은 인양사진, 그리고 평택에 전시된 천안함은 좌현하단보다 우현하단의 손실이 훨씬 크다는 사실을 보여준다[그림 1]. 또한 우현하단이 크게 수축하고, 동시에 좌현상단이 크게 팽창한 사실을 보여준다[그림 2]. 천안함의 좌현하단에 잠수함이 충돌했는데, 어떻게 우현하단의 손상이 좌현하단보다 훨씬 클 수 있는가? 또한 천안함의 좌현하단에 잠수함이 충돌했는데, 어떻게 우현하단이 크게 수축한단 말인가? 이러한 결과는 잠수함 충돌로 불가능하다. 천안함의 반파모습을 누가 조작하지 않았다면, 천안함의 좌현하단에 잠수함이 충돌했다는 주장은 100% 거짓이다.

잠수함 충돌설을 주장하는 사람들은 잠수함 충돌과 인과관계가 성립하는 한두 가지 물리적 증거를 가지고 결론을 내린다. 즉, 한두 가지 물리적 증거와 잠수함 충돌의 인과관계 검증으로 잠수함 충돌이 반파원인이라 주장한다. 이러한 오류는 사람들이 인과관계 검증에서 보이는 가장 흔한 기본적 오류이다. 이러한 검증방법은 정확하게 말해서 인과관계 검증이 아니다. 인과관계 검증의 핵심은 반파원인과 모든 반파결과, 즉 모든 물리적 증거들과 인과관계를 검증하는 것이다. 잠수함 충돌 주장이 진실(True)이라면 잠수함 충돌 주장과 모든 물리적 증거들 사이에 필연적 인과관계가 성립해야 한다.

조작된 물리적 증거는 인과관계 검증에 사용할 수 없다.

인과관계 검증에 중요한 전제조건이 있다. 그것은 인과관계 검증에 사용되는 결과들, 즉 물리적 증거들이 조작(造作, Manipulation)되어서는 안 된다는 사실이다. 보다 엄격한 인과관계 검증을 위해서 조작된 물리적 증거뿐만 아니라 조작이 가능한 물리적 증거들도 인과관계 검증에 사용해서는 안 된다. 인과관계 검증에 사용되는 물리적 증거는 결코 조작되거나 오염되어서는 안 된다. 이러한 이유에서 천안함의 반파결과로 나타난 여러 증거들에서 국방부나 어떤 누구도 조작할 수 없는 반파결과(물리적 증거들)의 선택이 매우 중요하다.

인과관계 검증에 사용할 수 없는 조작이 가능한 물리적 증거는 수없이 많다. 국방부가 북한의 어뢰공격의 증거로 제시한 지진파 및 음파, 어뢰추진체, 해병대원이 촬영한 천안함 TOD 동영상, 그리고 CCTV 동영상은 조작이 가능하다. 이미 신문방송과 인터넷에서 많은 조작증거들이 제기되었다.

예를 들어, 시간을 조작한 물리적 증거로 천안함 TOD 동영상과 CCTV 동영상이 있다[그림 8, 그림 10]. 백령도 해병대원이 촬영한 천안함 TOD(열상카메라) 동영상에서 촬영대상에 대한 설명 및 시간을 표시하는 부분이 조작되었다. 원래 촬영시간이 화면 안에 표시되어야 하는데, 화면 밖(상단)에 따로 표시되어 있다.

천안함 CCTV도 마찬가지이다. 천안함의 사고 전 모습을 보여주는 화면 안에 시간이 없다. 시간부분이 따로 편집되었다. 국방부가 천안함 재판부에 제출한 CCTV 동영상 역시 시간이 조작되었다. 따라서 천안함 TOD 동영상 및 CCTV 동영상으로 사고시간을 추정하는 것은 무의미하다. 국방부가 천안함 사고의 증거로 제시한 동영상의 시간을 믿고 엉뚱한 주장을 해서는 안 된다.

생존자 및 목격자의 증언은 인과관계 검증에 사용할 수 없다.

천안함 생존자 및 목격자의 증언은 반파원인을 밝히는 인과관계 검증에 사용할 수 없다. 기본적으로 증언은 거짓말이 가능하다. 어떠한 증언이든 반파원인의 객관적 증거가 아니며, 또한 반파원인을 밝히는 결정적 증거가 아니다. 국방부의 주장과 일치하는 증언뿐만 아니라 국방부의 주장에 반대하는 증언도 마찬가지다. 특히 함장과 생존자 및 국방부의 증언은 천안함 사고의 당사자이기 때문에 거짓말 가능성이 있다. 천안함 사고에 자신들의 책임이 있는 경우에 자신들의 책임을 피하기 위해서 거짓말을 할 가능성이 높다.

인과관계 검증에 생존자 증언은 필요하지 않다.

천안함의 좌표분석 및 물리적 증거 분석에 따르면 생존 장병들은 천안함의 반파과정을 모두 알고 있다. 또한 함미의 장병들이 어떻게 사망하였는지 분명하게 알고 있다. 그들은 차마 말할 수 없는 장병들의 참혹한 죽음을 직접 목격한 사람들이다. 그러나 생존 장병들은 천안함의 진실(True)을 말하지 않고, 대부분 생존자들은 침묵하고 있다.

천안함 생존자들이 진실을 말하지 않는데, 굳이 그들에게 진실을 요구할 필요가 있는가? 그들에게 증언이나 고백을 요구할 필요가 없다. 천안함의 진실을 밝힐 수 있는, 생존자들의 증언보다 훨씬 더 중요한 물리적 증거들이 차고 넘치기 때문이다. 조작이 불가능한 물리적 증거를 이용한 인과관계 검증으로 천안함의 반파원인에 대한 모든 논쟁을 종결할 수 있다. 또한 어느 누구도 부정할 수 없는 천안함의 반파원인을 명백하게 밝힐 수 있다. 다시 말하지만 반파원인의 증명에서 생존자의 증언이나 고백이 꼭 필요한 것이 아니다.

개인적으로 함장과 일부 생존자들이 천안함 법정에서 혹은 언론을 통해서 거짓말을 할 때 마다 안쓰러움을 느낀다. 그들이 경험한 '차마 사람들에게 말할 수 없는 진실과 아픔'을 알기에 더욱 안타깝다. 진실을 말할 용기가 없다면 차라리 침묵하시지, 왜 구차하게 저러실까?

증언의 진실여부는 오직 조작이 불가능한 물리적 증거와 일치여부에 달려있다. 조작이 불가능한 물리적 증거들과 일치하지 않는 증언은 모두 진실(True)이 아니다. 그 어떠한 증언도 거짓말(Lie)이다. 오직 조작이 불가능한 물리적 증거들과 일치하는 증언만이 진실(True)이다.

천안함의 반파모습은 조작이 불가능한 제1의 증거이다.

천안함과 관련된 수많은 증거들에서 조작이 불가능한 제1의 증거는 천안함의 반파모습이다. 천안함의 반파모습은 너무나 거대해서 국방부나 어떠한 집단에 의해서도 조작이 불가능하다. 또한 천안함의 인양과정에서 촬영된 수많은 사진과 동영상이 객관적 증거로 확고하게 남아있다. 또한 천안함의 반파모습은 아직까지 어떤 누구에 의해서도 조작가능성도 제기되지 않았다. 그리고 천안함의 반파모습은 천안함의 반파결과로 발생하였다. 따라서 천안함의 반파모습은 천안함의 반파원인을 밝힐 수 있는 직접적 증거이다. 이러한 이유로 천안함의 반파모습은 인과관계 검증에서 가장 중요한 제1의 물리적 증거이다.

따라서 천안함의 반파모습과 모두 인과관계가 성립하는 반파원인이 진실(True)이다. 천안함의 반파모습과 단 하나라도 인과관계가 성립하지 않는다면, 그 반파원인은 100% 거짓(False)이다. 단 1%도 진실가능성이 없다.

천안함의 반파모습은 물리적 증거와 증언을 검증하는 제1의 기준이다.

천안함의 모든 반파결과들은 하나의 반파원인에서 발생하였다. 하나의 반파원인에서 발생한 반파결과들 사이에 어떠한 모순도 있을 수 없다. 따라서 수많은 물리적 증거와 증언들에서 천안함의 반파모습과 일치하는 증거 및 증언만이 진실이다. 천안함의 반파모습과 일치하지 않는 어떠한 물리적 증거도 거짓이다. 천안함의 반파모습과 불일치하는 증거가 있다면, 그 증거는 조작된 것이다.

천안함의 반파모습과 일치하지 않는 함장과 일부 생존 장병의 증언, 또는 목격자 증언은 모두 거짓이다. 적어도 내가 지금까지 분석한 모든 증거들이 그러한 사실을 보여준다(한사람을 기다리며 천안함을 고발하다1.2, 2015; eBook 합본, 2018).

2. 조작이 불가능한 10가지 물리적 증거

천안함 사건의 진실을 보여주는 가장 중요한 물리적 증거는 무엇인가? 그것은 반파된 천안함 그 자체이다. 반파된 천안함은 살해현장에서 사망원인을 알려주는 시신(屍身)과 같다. 천안함의 반파모습은 천안함의 반파원인을 직접적으로 보여준다. 반파된 천안함을 떠나서 천안함의 반파원인을 찾을 수 없다.

이 글에서 정부와 국방부의 어뢰공격 주장은 〈합동조사결과 보고서: 천안함 피격사건〉(국방부, 2010)에 따른다. 그리고 〈합동조사결과 보고서: 천안함 피격사건〉(국방부, 2010)는 편의상 '국방부 보고서'라 칭한다.

현재까지 천안함 사건에 대한 문재인 정부의 공식적인 입장은 국방부의 입장과 같다(JTBC, 2018.10.12). 또한 현재의 국방부는 문재인 정부의 국방부이다. 따라서 문재인 정부의 입장은 "북한의 어뢰공격으로 천안함이 반파되고, 46장병들이 사망하였다"이다. 이것은 문재인 정부가 이명박 박근혜 정부로 이어지는 천안함 범죄를 계승한 것으로 볼 수 있다.

인과관계 검증에 사용되는 10가지 물리적 증거의 선택기준

국방부나 어떤 누구도 조작할 수 없으며, 또한 그 누구도 부정할 수 없는 대표적인 물리적 증거 10가지를 선정하였다. 조작이 불가능한 10

가지 물리적 증거의 선정기준을 정리하면 다음과 같다.

첫째, 천안함의 반파원인을 직접 보여주는 증거이어야 한다.

천안함의 반파모습은 천안함의 반파원인을 보여주는 직접 증거이다. 이러한 점에서 천안함의 반파모습은 모든 증거들의 검증기준이다. 모든 증거들이 천안함의 반파모습으로 검증되어야 한다.

둘째, 조작이 불가능한 확실한 증거이어야 한다.

천안함 사건의 여러 증거들에서 조작이 불가능하고, 사진이나 실물로 그 증거가 확실한 증거들을 선정하였다. 만약 천안함의 어떤 반파결과가 누군가에 의해서 조작되었다면, 그 반파결과에 대한 인과관계 검증은 무의미하다. 따라서 천안함의 반파원인을 추정할 수 있는 반파결과들은 조작이 불가능해야 한다. 특히 국방부에 의한 조작가능성이 없어야 한다.

또한 사진이나 실물로 남아있는 확실한 증거이어야 한다. 확실한 증거가 아닌 경우에 논란이 발생할 수 있다. 이러한 문제를 사전에 예방하기 위해서 국방부와 그 반대자들을 포함해서 모든 사람들이 인정할 수 있는 확실한 증거이어야 한다.

셋째, 매우 중대한 결정적 증거이어야 한다.

천안함 사건과 관련된 수많은 물리적 증거들이 있다. 국방부가 제시한 물리적 증거들과, 국방부의 주장에 반대하는 사람들이 제시한 물리적 증거들이 있다. 이러한 물리적 증거들을 모두 분석하는 것은 무의미하다. 천안함 사건과 관련된 수많은 증거들에서 천안함의 반파원인을 보여주는 중대한 물리적 증거들을 선정하였다.

인과관계 검증에 사용되는 10가지 물리적 증거

천안함 범죄를 증명하는 물리적 증거의 3가지 선택기준을 천안함의 반파모습은 완전히 충족한다. 천안함의 반파모습은 반파원인을 직접 보여주며, 어떤 누구도 조작할 수 없으며, 너무도 거대하고 중요한 결정적 증거이다. 또한 천안함의 반파모습은 국방부 및 그 반대자들에 의해서 한 번도 조작가능성이 제기되지 않았다.

- **증거1.** 천안함의 좌현보다 우현의 손상이 훨씬 크다.
- **증거2.** 천안함은 중간보다 조금 뒤쪽이 절단되었다.

천안함의 반파모습은 수많은 사진들에서 확인할 수 있다. 물론 평택에 있는 천안함의 모습에서 직접 확인할 수 있다. 〈그림 1〉은 천안함의 전체적인 손상보습을 보여준다.

천안함은 좌현의 손실부분이 약 3.2m이고, 우현의 손실부분이 약 9.9m이다(연합뉴스, 2010.4.25; 동아일보, 2010년 4월 26일). 천안함의 절단위치는 중간보다 조금 뒤쪽이다.

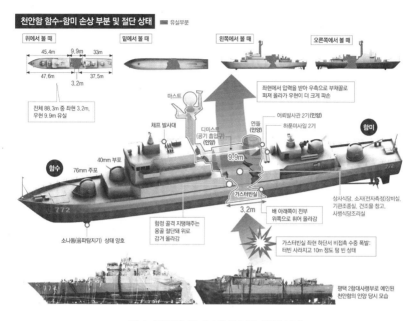

그림 1. 천안함의 손상부분 및 절단상태
동아일보, 2010.4.26.

위와 같은 사진과 당시의 언론보도에서 2가지 사실을 확인할 수 있다.

첫째, 천안함은 좌현보다 우현의 손상이 훨씬 크다. 또한 좌현하단보다 우현하단의 손상이 훨씬 크다.

둘째, 천안함은 중간보다 조금 뒤쪽이 절단되었다. 천안함의 절단위치는 천안함의 반파원인을 보여주는 중요한 물리적 증거이다.

천안함의 반파모습 및 절단위치는 천안함의 반파로 발생한 결과이다. 따라서 천안함의 반파모습은 반파원인을 직접적으로 보여주는 중대한 증거이다. 또한 반파모습은 너무도 거대해서 국방부나 어떤 누구도 조작할 수 없다. 이러한 점에서 천안함의 반파모습은 천안함의 반파원인을 보여주는 결정적 증거이다.

만약 어떠한 반파원인이 진실(True)이라면, 그 반파원인은 천안함의 손상모습 및 절단위치와 필연적 인과관계가 성립할 것이다. 그러면 천안함의 반파모습 및 절단위치가 보여주는 사실은 무엇인가?

> 천안함의 중앙부분보다 조금 뒤쪽에서 발생한 강력한 힘에 의해서 천안함이 반파되었다. 그 결과 우현하단이 크게 손상하였다.

• **증거3.** 천안함의 우현하단이 수축하고, 좌현상단이 팽창하였다.

천안함의 반파모습에서 지금까지 사람들이 주목하지 않은 매우 중대한 결정적 증거가 있다. 그것은 천안함의 우현하단이 크게 수축하고, 동시에 좌현상단이 크게 팽창하였다는 사실이다.

국방부 보고서에서 천안함 함미의 절단면 단면도(100쪽)와 함수의 절단면 단면도(101쪽)는 천안함 반파모습의 중대한 특징을 보여준다. 바로 천안함의 우현하단이 크게 수축하고, 동시에 좌현상단이 크게 팽창하였다는 사실이다.

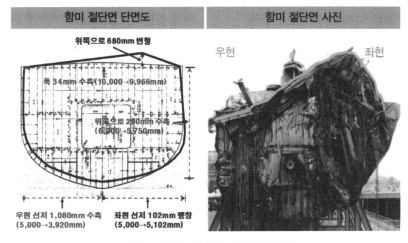

그림 2. 천안함 함미의 절단면 단면도
국방부 보고서(국방부, 2010) 100쪽

위와 같은 반파된 천안함의 변형모습은 천안함의 반파로 발생한 결과이다. 따라서 천안함의 변형모습은 반파원인을 직접적으로 보여주는 중대한 증거이다. 또한 너무도 거대해서 국방부나 어떤 누구도 조작할 수 없는 결정적 증거이다. 그러면 우현하단이 수축하면서 좌현상단이 팽창하였다는 물리적 증거가 보여주는 명백한 사실은 무엇인가?

천안함의 우현하단에 작용하는 수축압력과, 좌현상단에 작용하는 팽창압력에 의해서 천안함이 반파되었다는 사실을 보여준다. 구체적으로 우현하단에 작용하는 수축압력으로 우현하단이 수축하고, 동시에 좌현상단에 작용하는 팽창압력으로 좌현상단이 팽창하였다. 이러한 이유로 천안함이 반파하면서 우현하단이 찌그러지면서 크게 손실되었다.

천안함은 우현하단에 발생한 수축압력과 좌현상단에 발생한 팽창압력에 의해서 반파되었다. 이러한 이유에서 반파된 천안함의 우현하단이 크게 수축하고, 좌현상단이 크게 팽창하였다. 또한 우현하단이 찌그러지면서 크게 손실되었다. 천안함의 중앙보다 조금 뒤쪽에서 발생한 강력한 힘은 '우현하단의 수축압력'과 '좌현상단의 팽창압력'이다.

• 증거4. 스크루 프로펠러가 전진모드에서 우현 프로펠러들이 안쪽으로 휘어졌다.

그림 3. 천안함 우현 프로펠러의 손상모습
국방부 보고서(국방부, 2010) 51쪽

북한의 어뢰공격을 주장하는 국방부와 전문가 및 네티즌은 천안함 스크루 프로펠러의 손상을 전혀 설명하지 못하고 있다. 그리고 국방부의 주장에 반대하는 신상철과 네티즌은 스크루 프로펠러의 손상을 좌초의 증거로 본다. 과연 스크루 프로펠러의 손상은 좌초의 증거인가? 스크루 프로펠러의 특이한 손상은 어떻게 발생하였는가?

〈그림 3〉은 천안함 스크루 프로펠러의 손상모습을 잘 보여준다.

천안함 스크루 프로펠러의 사진은 2가지 사실을 명백하게 보여준다.

첫째, 천안함 스크루 프로펠러는 전진모드였다. 프로펠러의 회전각도는 스크루 프로펠러가 정회전(전진을 위한 회전) 상태라는 사실을 보여준다.

둘째, 우현 스크루 프로펠러의 모든 날개들의 가장자리가 안쪽으로 부드럽게 휘어졌다.

천안함 스크루 프로펠러의 손상은 천안함 반파의 결과로 발생한 것이 아니다. 천안함이 반파한 후에는 어떠한 경우에도 스크루 프로펠러의 날개들이 모두 안쪽으로 휘어질 수 없다. 천안함의 반파로 동력이 차단된 상태에서 모든 날개들이 안쪽으로 휘어질 수 없다. 천안함 스크루 프로펠러의 손상은 천안함의 반파 이전에 스크루 프로펠러가 작동하는 중에 발생하였다.

그러면 천안함의 스크루 프로펠러가 정회전 상태에서 우현 스크루 프로펠러의 모든 날개들이 안쪽으로 부드럽게 휘어진 이유는 무엇인가? 그것은 스크루 프로펠러가 정회전하는 중에 우현 스크루 프로펠러의 뒤쪽이 진흙(뻘)과 같은 부드러운 물질에 충격을 받았기 때문이다.

천안함의 스크루 프로펠러는 천안함의 반파 전에 발생하였다. 스크루 프로펠러가 강력하게 정회전(전진모드)을 하는 중에 우현 스크루 프로펠러의 날개들이 모두 안쪽으로 휘어졌다. 구체적으로 스크루 프로펠러가 강력하게 정회전하는 중에 프로펠러 날개의 뒤쪽이 진흙(뻘)과 같은 부드러운 물질과 충돌하였다. 그 과정에서 프로펠러 날개들이 차례로 안쪽으로 부드럽게 휘어졌다.

• **증거5.** 반파된 함수가 우현으로 넘어갔다.

〈그림 4〉는 해병대원이 천안함의 반파 후 모습을 촬영한 TOD 동영상이다.

그림 4. 해병대 TOD 동영상에서 함수의 모습

천안함의 반파 후 모습은 함수가 우현으로 넘어갔다는 사실을 보여준다. 이러한 사실은 다수의 생존자 진술과 일치한다. 생존자들은 "쾅!" 하는 소리와 함께 천안함이 반파하면서 우현으로 넘어갔다고 증언하였다(국방부 보고서, 122-125쪽). 이러한 사실에 기초해서 많은 사람들이 좌현하단에 어떠한 충격이 있었다고 주장한다.

국방부는 천안함의 좌현하단의 아래에서 어뢰가 폭발해서 천안함이 반파하면서 우현으로 넘어갔다고 주장한다. 그리고 신상철과 네티즌은 천안함의 좌현하단에 잠수함이 충돌해서 천안함이 반파하면서 우현으로 넘어갔다고 주장한다. 일부 네티즌은 천안함의 좌현하단에 기뢰가 폭발하여 천안함이 우현으로 넘어갔다고 주장한다. 이러한 주장이 사실인가? 안타깝게도 모두 사실이 아니다. 그 이유는 좌현하단에 발생한 어떠한 충격도 천안함의 반파모습과 인과관계가 성립하지 않기 때문이다.

좌현하단에 발생한 충격으로 천안함이 반파될 경우에 천안함의 좌현하단보다 우현하단의 손상이 클 수 없다. 또한 우현하단이 크게 수축하면서 좌현상단이 팽창할 수 없다. 좌현하단에 발생한 충격과 천안함의 반파모습 사이에 인과관계가 전혀 성립하지 않는다. 따라서 좌현하단에 발생한 충격으로 함수가 우현으로 넘어간 것이 아니다. 천안함의 반파원인이 진실이라면 모든 반파결과들 사이에 어떠한 모순도 발생하지 않는다는 사실을 기억하시라.

그러면 천안함은 어떠한 힘에 의해서 함수가 우현으로 넘어갔는가?
천안함의 모든 반파모습과 필연적 인과관계가 성립하는 반파원인이 있
는가? 있다. 원인이 없는 결과는 없다. 천안함의 반파원인이 참이라면,
그 반파원인은 모든 반파결과들과 100% 필연적 인과관계가 성립한다.
진실(True)이 되는 반파원인과 모든 반파결과들 사이에 단 1%의 불일
치도 없다. 또한 모든 반파결과들은 서로 모순되지 않는다. 진실이 되는
그 반파원인에서 모든 반파결과들이 발생하였기 때문이다.

이 글은 모든 반파결과들과 100% 필연적 인과관계가 성립하는 명백
한 반파원인을 밝히고, 그 반파원인에 따라 함장과 국방부가 천안함 장
병들의 살인용의자라는 사실을 증명할 것이다.

- **증거6.** 반파된 함미와 파편들이 함께 있다.
- **증거7.** 반파 후 함수가 오랫동안 표류하고, 함미가 곧바로 가라앉
  았다.

그동안 신문방송과 인터넷에서 사람들이 주목하지 않는 매우 중대한
사실이 있다. 그것은 천안함이 반파할 때 발생한 대형 파편들이 함미와
같은 위치에 있다는 사실이다.
〈그림 5〉는 바다 속에 가라앉은 천안함의 대형 파편들과 함미의 위치
를 보여준다.

그림 5. 천안함 함미와 파편들의 위치
국방부 보고서(국방부, 2010) 108쪽

여기서 중요한 점은 천안함의 연돌과 발전기, 가스터빈실과 같은 대형 파편들과 함미가 함께 있다는 사실이다. 천안함의 반파 시에 다수의 파편들이 발생하는데, 그 파편들은 부력이 없기 때문에 반파와 동시에 가라앉는다. 이러한 파편들과 함미가 같은 위치에 있다는 사실은 함미가 반파와 동시에 가라앉았다는 명백한 증거이다. 또한 천안함이 반파할 때에 함미에 부력이 전혀 없었다는 명백한 증거이다.

그리고 함미가 대형 파편들보다 조금 동남향에 있는 이유는 천안함이 반파된 후에 함수와 함미가 잠깐 동안 연결되었기 때문이다. 함선은 늘어나는 성질을 갖는 철로 구성되었으며, 또한 함선내부에 함수와 함미를 연결하는 수많은 선들(파이프, 전선, 등)이 있다. 따라서 천안함이 반파된 경우에 함수와 함미는 잠깐 동안 연결이 된다. 이때 동남향의 조류를 따라 함수가 표류하고, 함수에 연결된 바다 속의 함미가 잠깐 동안 이동한 것이다.

| 천안함 반파 후 "1초"만에 사라진 함미의 진실 |

2010년 3월 27일. 천안함 사고 다음날에 함장은 당시 실종자 가족들 앞에서 다음을 증언하였다.

> "쾅하는 소리와 함께 암흑 같은 상황이었고 저희 함정의 반
> 쪽은 없어진 상태였습니다. 생존자 당직자들이 증언하기로
> 는 순간적으로 1초였다고 합니다."
>
> – SBS 〈그것이 알고 싶다, 2010년 4월 17일〉 –

"쾅!"하는 소리와 함께 천안함의 반쪽(함미)이 바다 속으로 사라지다니! 천안함 사고 다음날 천안함 함장이 당시 실종자 가족들 앞에서 한 증언에 실종자 가족들은 경악했다. "쾅!"하는 소리와 함께 함정의 반쪽이 없어지고, 당직자들이 증언하기로 그 시간이 "1초"라니 말이 되는가? 함장의 증언을 들은 실종자 가족들은 황당함을 넘어 극도로 분노하였다. 당시의 신문방송들은 함장의 증언에 대한 실종자 가족의 분노를 전하였다. 상식적으로 천안함이 반파될 경우에 함미가 곧바로 바다 속으로 사라진다는 것은 불가능하기 때문이다.

어뢰폭발이나 잠수함 충돌, 기뢰폭발, 좌초, 혹은 외부충격에 의한 어떠한 반파에서도 천안함의 반파와 동시에 함미가 1초 만에 사라지는 것은 불가능하다. 그 이유는 천안함에 바닷물의 이동을 막는 다수의 수밀문(격벽)이 설치되어 있기 때문이다. 더구나 천안함은 어뢰폭발 내지 공중폭격에 대비해서 수밀문이 촘촘하게 시설되고, 수밀문의 내구성이 매우 강력하다.

이러한 천안함이 어떠한 외부충격으로 반파되었다면 함미는 함수와 마찬가지로 부력에 의해서 오랫동안 바다 위를 표류해야 한다.

위와 같은 이유에서 천안함에 관심이 있는 신문방송과 네티즌은 단순히 함장과 국방부가 거짓말을 한 것으로 보았다. SBS 방송 〈그것이 알고 싶다. 2010.4.17〉 역시 함장과 국방부가 거짓말을 하는 것으로 보았다. 그리고 사람들은 반파된 함미가 1초 만에 사라졌다는 증언에 주목하지 않았다.

그러나 천안함의 반파와 함께 함미가 1초 만에 바다 속으로 사라졌다는 증언은 진실(True)이다. 단언컨대, 100% 진실(True)이다. 그 이유는 함장의 증언과 일치하는 물리적 증거가 있기 때문이다. 천안함이 반파할 때 발생한 대형 파편들과 함미가 같은 위치에 있다는 사실은 천안함의 반파와 동시에 함미가 바다 속으로 가라앉았다는 명백한 증거이다. 또한 천안함이 반파할 때 함미에 부력이 전혀 없었다는 명백한 증거이다. 따라서 함장이 증언한 "1초 만에 함미가 사라졌다"는 내용은 100% 진실(True)이다.

그러면 천안함이 반파할 때에 함미에 부력이 전혀 없는 이유는 무엇인가? 그 이유는 함미에 바닷물이 가득했기 때문이다. 천안함의 함미에 바닷물이 가득했기 때문에 천안함의 반파와 동시에 단 "1초"만에 함미가 바다 속으로 사라졌다. 함미에 바닷물이 가득했다는 사실 외에 다른 어떤 이유도 '천안함의 반파와 동시에 함미가 가라앉은 사실'을 설명할 수 없다.

천안함이 반파하기 전에 이미 함미에 바닷물이 가득했다. 이러한 이유로 천안함의 반파와 동시에 단 "1초"만에 함미가 바다 속으로 사라졌다. 그리고 천안함이 반파할 때 발생하는 파편들과 함미가 같은 위치에 가라앉았다.

- **증거8.** 함수의 장병들은 큰 상처 없이 바닷물에 젖지 않고 생존하였다.
- **증거9.** 함미의 장병들은 대부분 큰 상처 없이 익사하였다.

함수에서 생존한 장병들의 모습은 사고 당일 해경의 구조 동영상 및 당시의 언론보도로 확인할 수 있다. 당시의 뉴스는 가족들의 면회에서 큰 부상이 있는 장병들이 없으며, 부상자들 상태는 대부분 양호한 것으로 보도되었다(연합뉴스, 2010.3.27; SBS뉴스, 2010.3.28).

그리고 사망한 장병들의 모습은 군의관의 검시결과 및 가족들의 확인으로 알 수 있다. 국립과학수사연구소에서 수습된 시신 40구에 대한 사체검안 결과 "외상 또는 질식에 의한 사망 가능성은 희박하며, 익사로 추정된다"는 종합소견서가 있었다(미디어오늘, 2010.6.24). 그리고 천안함 유가족들은 시신상태가 특별한 외상없이 양호한 것을 보고, 장병들이 익사로 사망하였다는 사실에 분노하였다(뉴시스, 2010.4.19).

여기서 주목할 점은 생존 장병들과 사망 장병들의 공통점과 차이점이다. 함수에서 생존한 장병들과 함미에서 사망한 장병들은 공통점은 "강한 충격으로 발생하는 외상이 없다"는 사실이다. 그리고 함수의 생존 장병들과 함미의 사망 장병들의 차이점은 함수의 장병들이 대부분 바닷물에 젖지 않고 생존하고, 반면에 함미의 장병들은 대부분 바닷물에 익사하였다는 사실이다. 이러한 사실이 보여주는 또 다른 사실은 무엇인가?

첫째, 천안함은 장병들에게 큰 충격을 줄 수 있는 외부충격이나 내부충격에 의해서 반파되지 않았다. 천안함은 함수와 함미의 장병들에게 충격을 주지 않는 힘에 의해서 반파되었다.

둘째, 천안함 반파당시에 함수에 바닷물이 전혀 들어차지 않았다. 이러한 사실은 함수가 부력에 의해서 바닷물에 오랫동안 표류한 사실과 일치한다.

셋째, 함미의 장병들은 함미에 가득한 바닷물에 익사하였다. 그 이유는 천안함의 반파당시에 함미에 바닷물이 가득했기 때문이다. 이러한 사실은 함미가 반파와 동시에 바다 속으로 사라진 사실과 일치한다.

넷째, 바닷물이 들어차는 함미에서 함수로 통하는 수밀문이 폐쇄되었다. 수밀문이 폐쇄되었기 때문에 함미에만 바닷물이 가득하고, 그 바닷물에 장병들이 익사하였으며, 반파와 동시에 함미가 단 "1초"만에 가라앉았다. 또한 수밀문이 폐쇄되었기 때문에 함수에서 생존한 장병들이 바닷물에 젖지 않았으며, 반파 후 함수는 부력을 유지하면서 오랫동안 바다 위를 표류하였다.

- **증거10.** 천안함의 함미가 좌초하였다.

〈그림 6〉은 천안함 인양 당시의 함미의 모습이다.

그림 6. 천안함 함미 좌현의 좌초흔적

천안함 인양당시의 함미의 모습은 좌초흔적을 분명하게 보여준다. 천안함 함미에 좌초흔적이 뚜렷하고, 함수에는 좌초흔적이 뚜렷하지 않다. 이러한 함미의 좌초흔적은 인양당시에 촬영한 수많은 사진으로 남아있다.

천안함의 좌초에 대하여 국방부는 다른 여러 사실들에 대한 해명과 마찬가지로 말을 바꾼다. 사고 다음날 해군은 당시 실종자 가족들을 대상으로 천안함이 백령도 근해에서 좌초하였다고 보고하였다(한겨레신문, 2010.3.27; KBS 추적60분, 2010.5.5).

2010년 3월 27일. 바로 사고 다음날에 실종자 가족이 해군장교에게 입수한 해군작전도는 당시 해군의 좌초주장을 분명하게 보여준다[그림 13]. 해군은 사고 다음날 실종자 가족들에게 "천안함이 백령도 근해에서 발생한 좌초로 침몰하였다"고 분명하게 보고하였다.

그러면 함미의 좌초증거가 보여주는 사실은 무엇인가?

함미의 좌초흔적은 함미의 좌초로 함미에 바닷물이 들어찼다는 사실을 보여준다. 함미의 좌초흔적은 '천안함의 반파 전에 함미에 바닷물이 가득한 사실, 천안함의 반파와 동시에 함미가 1초 만에 바다 속에 가라앉은 사실, 함미의 장병들이 별다른 상처 없이 익사한 사실, 함미의 바닷물이 함수로 이동하는 것을 막는 수밀문이 폐쇄된 사실' 등과 인과관계가 성립한다.

참고로 천안함 사건을 밝히는 10가지 물리적 증거들에서 '좌초'는 국방부가 부정하는 유일한 사실이다. 평택에 전시된 천안함의 함미에 좌초흔적이 뚜렷하지 않다. 그 이유는 국방부가 좌초흔적을 없애버렸기 때문이다. 그러나 천안함의 좌초에 대한 명백한 증거사진들이 있고, 이 증거사진이 조작되었다는 논란이 없다. 이러한 이유에서 천안함 함미의 좌초를 '조작이 불가능한 물리적 증거'로 채택하였다.

이상 천안함 범죄를 밝히는 10가지 물리적 증거들을 살펴보았다. 이러한 10가지 물리적 증거들이 보여주는 중요한 사실들을 정리하면 다음과 같다.

조작이 불가능한 10가지 물리적 증거가 보여주는 사실

① 천안함은 중앙보다 조금 뒤쪽에서 발생한 강력한 힘에 의해서 반파되었다. 이러한 강력한 힘에 의해서 천안함이 반파되면서 특이한 손상모습이 나타났다.

② 천안함은 우현하단에 작용하는 수축압력과, 좌현상단에 작용하는 팽창압력으로 반파되었다.

천안함의 중앙보다 조금 뒤쪽에서 발생한 강력한 힘은 우현하단에 작용하는 수축압력과, 좌현상단에 발생하는 팽창압력이다. 천안함은 우현하단에 작용하는 강력한 수축압력으로 우현하단이 크게 수축하였다. 동시에 좌현상단에 발생하는 강력한 팽창압력으로 좌현상단이 크게 팽창하였다. 그리고 우현하단의 수축압력과 좌현상단의 팽창압력에 의해서 천안함이 반파되면서 우현하단 부분이 찌그러지면서 크게 손실되었다.

③ 천안함 스크루 프로펠러가 정회전(전진모드) 중에 프로펠러의 뒤쪽이 진흙(뻘)과 같은 부드러운 물질과 충돌하였다.

그 결과 프로펠러의 날개들이 차례로 안쪽으로 부드럽게 휘어졌다.

④ 천안함의 반파 전에 함미에 바닷물이 가득했고, 함수에는 바닷물이 전혀 없었다.

그 결과 부력이 전혀 없는 함미가 반파와 동시에 바다 속으로 사라졌다. 또한 부력이 완전한 함수는 오랫동안 바다 위를 표류하였다. 또한 구조된 함수의 장병들은 바닷물에 젖지 않고 생존하고, 함미의 장병들은 함미에 가득한 바닷물에 익사하였다.

⑤ 함수의 장병들과 함미의 장병들에 큰 손상을 줄 수 있는 어떠한 충격도 없었다.

천안함의 반파과정에서 장병들에 부상을 입힐 수 있는 큰 충격이 없었다. 천안함은 장병들에게 큰 충격을 주지 않는 힘에 의해서 반파되었다. 그 결과 함수의 생존 장병들과 함미의 사망 장병들은 대부분 큰 상처를 입지 않았다.

⑥ 천안함 함미의 좌초로 함미에 바닷물이 들어찼다. 함미가 좌초했기 때문에 함미에 바닷물이 계속해서 들어찼다.

그 결과 천안함의 반파 전에 함미에 바닷물이 가득하고, 함미의 장병들이 바닷물에 익사하였다. 그리고 천안함의 반파와 동시에 함미가 "1초"만에 바다 속으로 가라앉았다.

⑦ 함미에서 함수로 통하는 수밀문이 폐쇄되었다.

이러한 이유에서 좌초 후 함미에 들어차는 바닷물이 함수로 이동하지 못했다. 그 결과 반파 전에 함미에만 바닷물이 가득했고, 함수에는 바닷물이 전혀 없었다. 그리고 바닷물이 가득한 함미에서 장병들이 익사하고, 바닷물이 가득한 함미가 반파와 동시에 바다 속으로 사라졌다. 이와 반대로 함수에 있던 장병들은 바닷물에 젖지 않는 모습을 보였다. 그리고 함미의 바닷물이 유입되지 않은 함수는 오랫동안 부력을 유지하면서 바다 위를 표류하였다.

3. 인과관계 검증에 사용할 수 없는 물리적 증거들

인과관계 검증의 기본전제는 반파결과를 보여주는 물리적 증거가 조작되지 않아야 한다. 나는 엄격한 인과관계 검증을 위해서 조작가능성이 있는 물리적 증거들을 모두 제외하였다.

조작(Manipulation)이 가능한 대표적인 물리적 증거들로 '국방부가 천안함 어뢰공격의 증거로 제시한 어뢰추진체(소위 '1번 어뢰'), 해병대 TOD 동영상, 천안함 CCTV 동영상, 지진파, 해군작전도' 등이 있다. 이러한 물리적 증거의 조작에 대해서는 〈한사람을 기다리며 천안함을 고발하다1.2〉(한민국, 2015; eBook 합본, 2018)에 상세하게 기술하였다.

인과관계 검증에서 조작이 가능한 물리적 증거들과 반파원인의 인과관계를 검증하는 것은 엄격한 인과관계 검증이 아니다. 인과관계 검증의 전제가 충족되지 않았기 때문이다. 조작한 물리적 증거를 가지고 어떠한 반파원인을 주장하는 것은 사기(詐欺)이다.

- **조작증거1. 소위 '1번 어뢰'는 조작되었다.**

그림 7. 국방부가 어뢰공격의 증거로 제시한 어뢰추진체

국방부는 〈합동조사결과 보고서: 천안함 피격사건, 2010.9.10〉에서 천안함을 공격한 북한의 어뢰추진체를 제시하고, 상기 어뢰추진체에 쓰여진 '1번' 표기는 북한식 표기라고 하였다. 국방부는 천안함 반파지역에서 인양한 어뢰추진체를 공개하고, 상기 어뢰추진체에 적힌 '1번' 글자가 북한의 어뢰라는 결정적 증거라고 주장하였다(중앙일보, 2010.5.20;

오마이뉴스, 2010.5.20).

지금까지 과학자들과 국민들 사이에서 소위 '1번 어뢰(어뢰추진체)'의 1번 글자가 어뢰가 폭발할 때의 온도 속에서 남을 수 있느냐, '1번' 글자 표기가 과연 북한의 표기방법이냐는 논쟁이 있었다. 그리고 '1번 어뢰'가 국방부가 제시한 북한의 어뢰설계도와 다른 문제가 제기되었다. 그럼에도 불구하고 국방부의 발표를 지지하는 일부 과학자와 대중들은 '1번 어뢰'가 천안함이 북한의 어뢰에 의해서 피격되었다는 결정적 증거라고 믿는다. 이러한 논쟁은 우리사회가 얼마나 철학적 사고가 빈곤한지를 여실히 보여준다.

> 페인트코팅 위에 쓴 글자는 페인트코팅 위에 남고, 페인트코팅이 사라진 곳에 쓴 글자는 페인트코팅이 사라진 곳에 남는다.

위와 같은 주장은 논쟁의 여지가 없는 명백한 사실(fact)이다. 우리가 생활에서 경험하는 사실(fact)로서 누구나 알고 있는 보편적 법칙이기에 과학으로 배우지도 않는다. 페인트코팅 위에 쓴 글자가 페인트코팅이 없는 곳에 있을 수 없으며, 페인트코팅이 없는 곳에 쓴 글자가 페인트코팅 위에 있을 수 없다. 페인트코팅 위에 글자를 쓴 경우에 글자가 온전히 남으면서 그 아래의 페인트코팅이 사라지는 것은 불가능하다. 폭발이 있던지, 천년의 시간이 흐르던지, 약물처리를 하든지, 혹은 어떠한 첨단기술을 적용하든지....... 어떠한 경우에도 글자 아래의 페인트코팅만 사라지는 것은 불가능하다. 이러한 사실은 국방부가 천안함 어뢰공격의 증거로 내세운 소위 '1번 어뢰'에도 그대로 적용된다.

그러므로 "페인트 코팅이 사라진 낡은 어뢰추진체에 '1번' 글자가 있다"는 것은 "페인트 코팅이 사라진 낡은 어뢰추진체에 '1번' 글자를 썼다"는 것이다.

소위 '1번 어뢰'를 보라. 녹이 쓴 지역과 녹을 닦아낸 지역을 보라. 자세히 보라. 페인트코팅이 사라진 낡은 어뢰추진체의 녹을 닦아낸 부분에 '1번' 글자가 있다. 이것은 누군가 "페인트 코팅이 사라진 낡은 어뢰추진체의 녹을 닦아내고, 그 부분에 '1번' 글자를 썼다"는 것이다. 여기서 '페인트 코팅이 사라진 낡은 어뢰추진체'는 '이미 폭발 후 페인트 코팅이 사라진 낡은 어뢰추진체'를 의미한다.

소위 '1번 어뢰'의 탄생과정은 다음과 같다. 이러한 탄생과정은 어느 누구도 부정할 수 없는 절대적 사실이다.

① 페인트 코팅이 사라진 어뢰추진체가 있었다.
② 페인트 코팅이 사라진 어뢰추진체의 표면이 녹이 슬었다.
③ 누군가 녹이 쓴 어뢰추진체의 표면을 닦아냈다.
④ 누군가 녹을 닦아낸 어뢰추진체의 표면에 '1번' 글자를 썼다.

여기에 무슨 논리가 필요하고, 과학이 필요한가? 국방부가 천안함을 공격했다는 증거로 제시한 소위 '1번 어뢰'는 한마디로 "고철덩어리"요, 천안함 반파와 아무런 관련이 없는 "쓰레기"이다.

소위 '1번 어뢰'는 천안함 반파와 아무런 관계없는 "쓰레기"다.

이러한 '1번 어뢰'로 북한의 어뢰공격을 주장하다니! 또 그러한 허무맹랑한 주장을 지지하는 사람이 있다니! 헐! 한마디로 '헐!'이다.

위와 같은 사실은 소위 '1번 어뢰'의 조작가능성을 보여준다. 천안함의 어뢰공격을 주장하는 사람들도 소위 '1번 어뢰'의 조작가능성은 동의할 것이다. 이러한 문제투성이의 '1번 어뢰'는 반파원인을 증명하는 인과관계 검증에 사용할 수 없다. 엄격한 인과관계 검증에 사용하는 물리적 증거는 조작가능성이 없어야 한다.

· **조작증거2. 해병대 TOD 동영상의 시간이 조작되었다.**

국방부는 백령도 해안에 근무하는 해병대원이 촬영한 천안함 TOD(열상카메라) 동영상을 수차례 걸쳐서 발표하였다. 국방부는 처음에 해병대 TOD 동영상을 공개하지 않다가 이명박 대통령의 명령으로 3월 30일에 처음 공개하였다(중앙일보, 2010.3.31). 이후 해병대 TOD 동영상에 대한 잇따른 문제제기와 함께 수차례 발표가 추가되었다.

현재까지 천안함 TOD 동영상과 관련해서 많은 논란이 있다. 대표적으로 천안함의 반파모습을 담은 동영상의 실재에 대한 논란, 자동 녹화되는 TOD 동영상에서 반파모습이 누락된 점이 있다.

천안함 사고당시에 백령도에 근무하는 해병대 TOD 대원이 천안함의 ∧자(역∨자) 모양 및 ∨자 모양을 목격했다고 증언하였다(한겨레신문, 2010.4.9; 뉴시스, 2010.4.9; 프레시안, 2010.4.9). 이것은 해병대원이 천안함의 반파순간을 TOD(열상카메라)로 목격했다는 것을 의미한다. 사고당일 해병대원이 TOD를 이용하지 않고 그 캄캄한 어둠 속에서 천안함의 반파모습을 볼 수 없기 때문이다. 따라서 반파순간을 포함하는 천안함의 반파과정은 TOD에 모두 녹화되었다. 해병대 TOD 동영상은 자동으로 녹화되기 때문이다(MBC 뉴스데스크, 2010.4.3.).

해안초소에서 해병대원이 촬영하는 TOD 영상은 실시간으로 상황실로 전달되며, 또한 자동으로 녹화된다. 이러한 사실은 백령도에서 근무한 적이 있는 주변의 해병대원, 혹은 백령도에서 근무하는 자식이나 후배들을 통해서 쉽게 확인할 수 있다. 따라서 천안함의 전체 반파과정을 보여주는 TOD 영상은 자동으로 녹화되었다. 또한 그날 철통같이 해안경계를 섰던 자랑스러운 대한민국 해병대원과, 상황실에서 확실하게 비상근무를 섰던 해병대 지휘관과 해병대원들이 모두 천안함의 반파과정을 똑똑히 목격하였다.

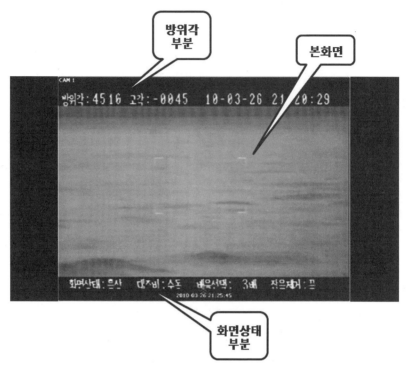

그림 8. 국방부가 발표한 천안함 동영상의 예

〈그림 8〉은 국방부가 발표한 천안함 동영상의 예이다. 한눈에 봐도 천
안함 동영상의 원본이 아니라는 사실을 알 수 있다. 천안함 TOD 동영
상의 윗부분(방위각 부분)과, 아랫부분(화면상태 부분)이 모두 조작되
었다. 따라서 실제 화면과 방위각 부분 및 화면상태 부분의 일치여부를
알 수 없다.

〈그림 9〉는 해병대가 운용하고 있는 TOD장비의 실제 화면이다.

방위각:2530 고각:-0110 07-09-09 18:21:43

화면상태:백상 대조비:수동 배율선택:3배 잡음제거:끔

그림 9. 천안함 관측에 사용한 TOD장비(TAS-970K)의 실제 화면

국방부가 발표한 천안함 TOD 동영상의 화면과 차이가 있음을 분명
히 알 수 있다. 그러면 국방부는 왜 천안함의 반파모습을 담은 화면의
상단과 하단을 조작하였을까? 나는 국방부가 천안함 TOD 화면을 조작
한 이유가 "시간"때문이라 생각한다.

천안함의 반파시간은 매우 중요하다. 이 반파시간에 따라 함장과 국방
부의 범죄혐의가 결정된다. 국방부는 단 며칠 사이에 사고시간을 수차
례 변경하였다. 해군은 사고 다음날 당시 실종자 가족에게 "천안함이 백
령도 근해에서 좌초로 침몰하였다"고 보고하였다. 여기서 핵심은 좌초와
반파 사이에 시간이 매우 짧다는 사실이다. 따라서 백령도 근해에서 천
안함이 좌초로 반파한 경우에 함장과 국방부에 천안함 장병들의 죽음에
대한 범죄혐의가 성립하기 어렵다. 그리고 천안함이 북한의 어뢰공격에

의해서 반파된 경우에는 함장과 국방부에 범죄혐의가 성립하지 않는다.

국방부는 최초보고에서 천안함이 밤 9시 45분에 백령도 근해에서 침몰하였다고 발표하였다(연합뉴스, 2010.3.27). 또한 해경은 최초보고에서 천안함이 밤 9시 15분에 대청도 서해에서 좌초하였다고 발표하였다(MBC 뉴스데스크, 2010.4.3).

나의 좌표분석에 따르면 사고당일 밤에 발표한 국방부 및 해경의 최초보고에 중요한 진실(True)이 있다. 좌표분석에 따르면 천안함은 밤 9시 15분경에 대청도 서해에서 좌초하고, 이후 백령도 근해로 이동하여 밤 9시 45분경에 반파하였다. 그러면 천안함이 밤 9시 15분에 대청도 서해에서 좌초하고, 밤 9시 45분에 백령도 근해에서 반파한 경우에 어떤 문제가 발생하는가?

천안함이 밤 9시 15분에 좌초하고, 밤 9시 45분에 반파한 경우에 함장과 국방부에 장병들의 죽음에 대한 범죄혐의가 성립할 수 있다. 그 이유는 좌초에서 반파까지 30여분 동안 함장과 국방부의 대처행위가 문제가 되기 때문이다. 천안함의 좌초 후에 수밀문의 폐쇄로 장병들이 사망한 경우에 함장과 국방부에 살인혐의가 성립할 수 있다. 천안함의 좌초에서 반파까지 약 30분 동안 수밀문 폐쇄의 책임이 기본적으로 함장과 국방부에 있기 때문이다. 이러한 이유에서 국방부는 며칠 만에 수차례 반파시간을 변경하고, 나중에는 밤 9시 15분의 좌초를 완전히 부정한 것으로 판단한다. 그리고 함장은 천안함 침몰 다음날 유가족들 앞에서 사고시간을 9시 25분이라 증언하고, 그 다음날 9시 22분으로 수정하였다(MBC뉴스, 2010.4.5).

여기서 중요한 것은 국방부가 발표한 TOD(열상카메라) 동영상은 원본이 아니라는 사실(Fact)이다. 국방부가 공개한 TOD 동영상의 윗부분(방위각 부분)과, 아랫부분(화면상태 부분)이 명백하게 조작되었다. 따라서 우리는 실제 화면과 방위각 부분 및 화면상태 부분의 일치여부를 알 수 없다. 이러한 이유에서 천안함 TOD 동영상은 천안함 반파원인을 규명하는 인과관계 검증에 사용할 수 없다. 천안함 TOD 동영상에 기록된 시간으로 반파시간을 주장하는 것은 무의미하다.

• **조작증거3. 천안함 CCTV 동영상의 시간이 조작되었다.**

국방부가 공개한 천안함 CCTV 동영상도 여러 가지 논란이 있다. 국방부가 공개한 6대의 CCTV 화면에 표시된 시간들이 국방부가 주장하는 어뢰공격 시간 9시 22분과 상당한 차이가 있다. 또한 사고전의 함미(후타실)에 생존자가 있는 문제도 지적되었다. 가장 큰 문제는 국방부가 공개한 CCTV 화면이 조작되었다는 사실이다.

〈그림 10〉에서 CCTV의 시간이 화면 안에 있지 않다. 신상철과 관련된 천안함 재판에서 국방부가 제출한 CCTV 동영상 역시 화면 안에 시

간이 없다. 국방부가 CCTV 화면 안에 있어야할 시간을 따로 편집한 동영상을 천안함 재판부에 제출하였다. 또한 국방부가 재판에서 제출한 CCTV 동영상에서 장병들과 내부 시설이 전혀 흔들리지 않는 사실이 문제가 되기도 하였다. 사고당일의 파도 때문에 천안함이 흔들렸어야 하는데, 동영상에서 천안함의 흔들림이 전혀 없었다. 이러한 사실은 국

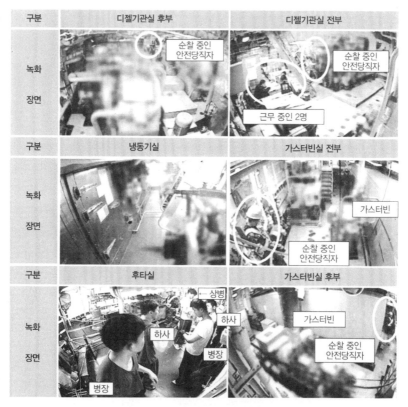

그림 10. 국방부가 발표한 CCTV 화면
국방부 보고서 211쪽

방부가 제출한 동영상이 천안함 사고 전 모습이 아니라는 증거이다. 그러면 왜 국방부는 CCTV 동영상의 시간을 조작하였을까?

그 이유는 천안함 TOD 화면의 시간을 조작한 이유와 같을 것이다. 해병대 TOD 화면 안에 있어야 할 시간을 따로 편집해서 보여준 것도, 천안함 CCTV 화면 안에 있어야 할 시간을 따로 편집해서 보여준 것도 "시간" 때문이다. 바로 천안함의 CCTV 화면과 TOD 화면에 있는 시간이 국방부가 발표한 천안함의 침몰시간과 다르기 때문이다. 그 외에 TOD 화면 및 CCTV 화면의 시간을 조작할 이유가 없다.

상식적으로 보자. 국방부는 왜 천안함의 CCTV 동영상의 시간을 조작하였을까? 화면 안에 시간이 포함된 CCTV 영상을 그대로 보여주면 될 것을 왜 시간을 따로 조작해서 보여줄까? 그 이유는 국방부가 주장하는 천안함의 반파시간과 CCTV 동영상의 시간이 다르기 때문이다. 또한 천안함 TOD 동영상의 시간을 조작한 이유 역시 국방부가 주장하는 천안함의 반파시간과 TOD 동영상의 시간이 다르기 때문이다. 천안함 CCTV 동영상의 실제 시간이 드러날 경우에 함장과 국방부에 범죄혐의가 성립할 수 있다. 그 외에 국방부가 천안함 TOD 동영상 및 CCTV 동영상의 시간을 조작할 이유가 없다고 생각한다.

천안함 CCTV 동영상의 복원은 명정보기술(주식회사)이 맡아서 성공하였다(한국경제, 2013.6.19; 뉴시스, 2014.6.26). 천안함의 좌초 후 함미에 바닷물이 들어차는 모습, 함미의 장병들이 처절하게 바닷물과 싸우는 모습, 그리고 천안함의 반파 전까지 함수에 있던 함장과 장병들의 대처모습을 담은 CCTV 동영상 원본이 반드시 있을 것이다. 또 누군가는 만약에 사태에 대비해서 CCTV 동영상 원본(복사본)을 가지고 있을 것이다.

• 조작증거4. 지진파는 조작되었다.

공중음파 및 지진파에 대한 보고서는 노영민 민주당 의원의 2010년 4월 11일 기자회견에서 처음 공개하였다(민주당 논평, 2014.4.11). 당시 노영민은 한국지질자원연구원에서 작성한 보고서를 공개하였는데, 보고서의 작성날짜는 3월 27일이다.

〈그림 11〉의 보고서에서 추정사고시간은 밤 9시 21분 58초이고, 상기 추정시간은 '백령도 지진−공중음파 관측소 신호로부터 추정'으로 기록되었다. 그리고 공중음파에 기초한 지진파의 진앙지(사고위치)는 '백령도 관측소로부터 219.4도 방향 37.85, 124.56'으로 기록되었다. 백령도, 김포, 그리고 철원에서 발생한 공중음파의 분석을 통해서 지진파의 진앙지를 추정한 것이다.

위와 같은 지질자원연구원 및 국방부의 주장이 얼마나 황당한 지를 살펴보자. 먼저 '3월 27일에 한국지질자원연구원 지진연구센터 이희일

3월 26일 해군 초계함 침몰과 관련된 공중음파 신호 분석 결과
한국지질자원연구원 지진연구센터 이희일 작성
2010 3 27

- 추정 사고 시각 : 21시 21분 58초 (백령도 지진-공중음파 관측소 신호로부터 추정)

- 사고 위치 : 백령도와 대청도 사이로 백령도 관측소로부터 219.4도 방향 37.85, 124.56

- 약 177km떨어진 김포관측소 및 약 220km떨어진 철원관측소에서도 공중음파 신호가 포착된 것으로 미루어 폭발규모가 상당히 컸을 것으로 추정. 추정 지진규모가 1.5인데 이는 TNT 약 180kg에 해당

- 음파분석 결과: 관측소로부터 본 사고위치의 방위각

관측소명	방위각
백령도	219.4
김포	280
철원	258.8

그림 11. 한국지질자원연구원의 공중음파 신호분석결과

이 작성한 분석결과'에서 제시한 사고위치는 37.85, 124.56이다. 상기 경위도(도) 좌표를 다른 좌표들과 같은 경위도(도,분,초) 좌표로 전환하면 37-51-00N, 124-33-36E이다.

〈그림 12〉는 지진파 및 공중음파에 기초한 천안함의 사고위치를 다른 주요 좌표들과 함께 구글지도 상의 좌표로 나타낸 것이다.

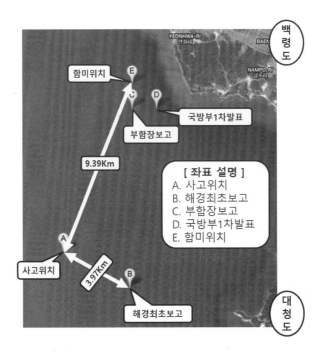

그림 12. 지진파와 공중음파에 기초한 사고위치
A. 사고위치(37-51-00N, 124-33-36E)
B. 해경이 보고한 9시 15분 좌표(37-50N, 124-36E)
C. 해경 부함장이 기록한 위치(37-55-00N, 124-36-06E)
D. 국방부 1차 발표한 사고위치(37-55N, 124-37E)
E. 함미침몰위치(37-55-40N, 124-36-06E)

〈그림 12〉에서 지진파 및 공중음파에 기초한 사고위치A와 함미침몰
위치E의 거리는 약 9.39Km이다. 이것은 지진파 및 공중음파에 기초한
사고위치가 실제 천안함의 반파위치와 아무런 관련이 없다는 증거이다.
따라서 지진파 및 공중음파는 천안함의 반파와 아무런 관련이 없다.

참고로 SBS에서 방영한 〈그것이 알고 싶다, 2010.4.17〉에 출연한 경
상대 지구환경공학부 김우한 교수는 지진파 및 공중음파에 기초한 위

치측정을 언급하면서 "10Km에서 기껏 오차가 나봤자 ±0.5Km 정도"라고 말하였다. 이것은 지진파 및 공중음파의 원자료가 정확하다면, 그만큼 사고위치는 정확하다는 것을 의미한다.

전혀 사고위치가 맞지 않는데, 사고시간을 믿을 수 있는가? 한국지질자원연구원 지질연구센터에서 나온 사고시간 및 사고위치는 믿을 수 없으며, 이후의 수정 작업을 한 보고서도 믿을 수 없다.

위와 같은 이유에서 지진파에 근거한 천안함 사고시간이나 사고위치 추정은 무의미하다. 또한 국방부는 지진파 및 음파의 원자료(raw data)를 공개하지 않는 상태이다. 이러한 지진파를 근거로 어뢰공격을 주장하거나 또는 다른 주장을 하는 것은 어리석은 일이다. 지진파 및 음파의 조작가능성이 있기 때문이다. 따라서 지진파 및 음파는 천안함 반파 원인을 규명하는 인과관계 검증에 사용할 수 없다.

• **조작증거5. 해군작전도는 천안함 사건을 좌초로 조작한 증거이다.**

해군은 천안함 사고의 다음날 당시 실종자 가족들 앞에서 천안함이 백령도 근해에서 좌초하였다고 발표하였다(한겨레신문, 2010.6.27; KBS 추적 60분, 2010.5.5). 이러한 해군의 발표를 믿고서 신상철은 천안함이 밤 9시 15분경에 백령도 근해에서 좌초하였다고 주장한다.

〈그림 13〉은 사고 다음날 실종자 가족이 해군관계자에게 입수한 해군의 작전지도(이하 '해군작전도')이다.

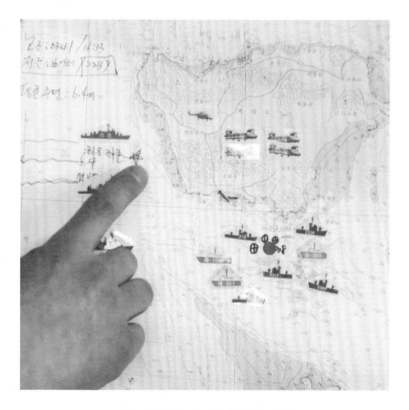

그림 13. 천안함 좌초에 대한 해군작전도
아시아경제, 2010.3.27.

〈그림 13〉의 해군작전도는 천안함 반파 후 국방부 및 해군의 초기대응을 잘 보여준다. 그러면 천안함 반파 후에 해군은 왜 실종자 가족들에게 천안함이 백령도 근해에서 좌초했다고 발표하였을까? 그 이유는 해군이 천안함 사건을 '좌초 후 곧바로 침몰'이라는 단순좌초로 조작하

려고 했기 때문이다.

해군작전도에 표시된 좌초지역(손가락이 가리키는 별표위치)과 실제 천안함의 반파위치는 매우 가깝다. 따라서 천안함의 좌초에서 반파까지 매우 짧은 시간에 이루어진 것으로 볼 수 있다. 이러한 경우에 천안함은 좌초 후 좌초지역을 탈출하다가 곧바로 반파한 것이 된다. 따라서 함장과 국방부에 천안함 반파 및 장병들의 사망에 대한 책임이 성립하기 어렵다.

위와 같은 해군의 주장에 대하여 여러 가지 문제가 제기되고, 결국 국방부는 좌초를 아예 부정한다. 함장과 국방부는 어뢰공격에 의한 반파 주장으로 장병들의 죽음에 대한 책임을 북한으로 돌렸다.

위와 같은 해군작전도는 정확하게 말해서 반파원인을 보여주는 물리적 증거가 아니다. 해군작전도의 신뢰도는 '거짓말이 가능한 증언'처럼 매우 낮다. 왜냐하면 해군작전도가 사고 다음날 해군의 발표를 기록한 것에 불과하기 때문이다. 만약 해군의 좌초발표가 거짓(False) 이라면, 당연히 해군작전도에 표시된 내용도 거짓이 된다. 이러한 이유에서 해군작전도를 증거로 하는 신상철의 좌초주장은 매우 위험하다. 해군작전도는 조작이 불가능한 물리적 증거가 결코 아니다. 해군작전도는 국방부 및 해군관계자의 증언처럼 신뢰도가 낮다.

위와 같은 이유에서 해군작전도는 반파원인을 규명하는 인과관계 검증에 사용할 수 없다. 해군작전도를 근거로 천안함의 사고원인을 추정하는 것은 무의미하다.

4. 인과관계 검증에 사용할 수 없는 증언들

천안함 사건과 관련해서 천안함의 어뢰공격을 지지하는 증언들, 천안함의 어뢰공격을 반대하는 증언들, 그리고 천안함의 좌초나 다른 반파원인을 주장하는 증언들이 모두 서로 다르다. 왜 그 많은 증언들이 서로 다른가? 간단하다. 누군가는 진실을 말하고, 누군가는 거짓말을 하기 때문이다. 이러한 사실은 '증언'이 거짓말이 가능하며, 신뢰할 수 없는 주관적 증거라는 사실을 보여준다. 천안함 사건에 대한 증언뿐만 아니라 모든 증언들은 기본적으로 거짓말이 가능하다. 이러한 이유에서 반파원인을 규명하는 엄격한 인과관계 검증에서 증언을 사용해서는 안 된다.

또한 천안함 사건에 대한 인과관계 검증에서 증언을 가지고 반파원인을 검증할 필요성이 없다. 이미 천안함 사건의 반파원인을 보여주는 '조작이 불가능한 물리적 증거들'이 너무도 많다. 이러한 상황에서 '거짓말이 가능한 증언'을 천안함 사건에 대한 인과관계 검증에 사용할 이유가 없다. 물리적 증거로 검증되지 않은 증언으로 어떠한 주장을 하는 것은 어리석은 일이다.

천안함 사건에 대한 증언은 거짓말이 가능하기 때문에 신뢰도가 낮다. 따라서 어떤 증언을 기초로 반파원인을 주장하기 위해서는 반드시 그 증언을 '조작이 불가능한 물리적 증거'로 검증해야 한다. 여기서 조작이 불가능한 물리적 증거들과 일치하는 증언만이 진실이고, 물리적 증거들과 불일치하는 증언들은 모두 거짓이다. 함장과 생존 장병들의 증언을 포함해서 어떠한 증언도 '조작이 불가능한 물리적 증거들과 일치하지 않는 경우'에 거짓이다. 그 증언은 100% 거짓이다.

천안함 반파원인의 진실을 검증하는 가장 확실한 방법은 인과관계 검증이다. 조작이 불가능한 물리적 증거들과 반파원인 사이의 인과관계를 검증하는 것이다. 이러한 검증에서 반파원인이 진실이라면 그 반파원인은 조작이 불가능한 10가지 물리적 증거들과 모두 필연적 인과관계가 성립한다. 그 반파원인으로 10가지 물리적 증거들이 발생하였기 때문이다.

그리고 어떠한 반파원인이 거짓이라면 그 반파원인은 천안함 사건에 대한 10가지 물리적 증거들과 필연적 인과관계가 성립하지 않는다. 천안함 사건에 대한 10가지 물리적 증거들에서 어느 하나라도 필연적 인과관계가 성립하지 않는다면 그 반파원인은 거짓이다. 그 반파원인은 정확히 100% 거짓이다.

아울러 조작이 가능한 여러 물리적 증거들과, 거짓말이 가능한 증언들은 반파원인을 규명하는 인과관계 검증에 사용할 수 없다. 또한 인과관계 검증에 사용할 필요성도 없다. 그 이유는 인과관계 검증에 사용할 수 있는 '조작이 불가능한, 오염되지 않는 물리적 증거들'이 충분하기 때문이다.

제2장

북한의 어뢰공격이 불가능한 이유

정부와 국방부는 천안함이 북한의 어뢰공격에 의해서 반파되고, 46장병들이 사망했다고 주장한다. 그들의 주장에 따르면 북한은 살인국가요, 북한의 지도자들은 살인자가 된다. 이러한 주장은 100% 거짓이다. 단 1%의 진실가능성도 없다. 그 이유는 국방부가 주장하는 어뢰공격(반파원인)과 조작이 불가능한 반파결과들 사이에 인과관계가 전혀 성립하지 않기 때문이다.

정부와 국방부가 주장하는 어뢰공격과 조작이 불가능한 10가지 물리적 증거들 사이의 인과관계를 차례로 살펴보자. 먼저 정부와 국방부의 어뢰공격 주장을 간단히 살펴보자.

정부와 국방부의 어뢰공격 주장은 〈합동조사결과 보고서: 천안함 피격사건〉(국방부, 2010.9.20)에 따른다. 편의상 〈합동조사결과 보고서: 천안함 피격사건〉을 '국방부 보고서'라 칭한다.

1. 국방부 어뢰공격설 요약

국방부가 발행한 〈합동조사결과 보고서: 천안함 피격사건〉(국방부, 2010)은 북한의 어뢰공격에 의해서 천안함이 반파되었다고 주장한다.

> 민·군 합동조사단은 인양한 함수, 함미 선체의 변형형태와 사고 해역에서 수거한 증거물들을 조사한 결과, 천안함은 북한에서 제조한 감응어뢰의 강력한 수중폭발에 의해 선체가 절단되어 침몰한 것으로 판단하였다.
>
> — 국방부 보고서, 26쪽 —

> 천안함은 어뢰에 의한 수중폭발로 발생한 충격파와 버블효과에 의해서 절단되어 침몰되었고, 폭발위치는 가스터빈실 중앙으로부터 좌현 3m, 수심 6~9m 정도이며, 무기체계는 북한에서 제조한 고성능폭약 250Kg 규모의 CHT-02D 어뢰로 확인하였다.
>
> — 국방부 보고서, 29쪽 —

위와 같이 정부와 국방부는 북한의 어뢰가 좌현하단 아래에서 폭발해서 천안함이 절단되었다고 주장한다. 국방부가 주장하는 어뢰폭발위치는 〈그림 14〉와 같다.

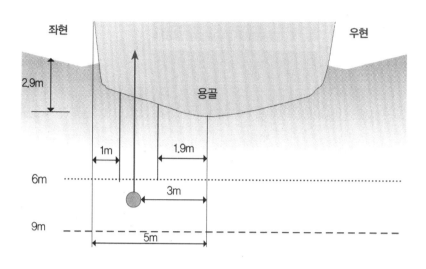

그림 14. 감응어뢰의 폭발위치
국방부 보고서, 137쪽

참고로 국방부가 주장하는 어뢰(소위 '1번 어뢰')는 천안함의 반파원인에 대한 인과관계 검증에 사용하지 않는다. 그 이유는 국방부가 어뢰 공격의 증거로 제시한 어뢰는 천안함의 반파와 아무런 관계가 없으며, 또한 조작가능성이 높기 때문이다. 이 글은 국방부도 그 어떤 누구도 조작할 수 없는 명백한 증거들, 바로 천안함 범죄의 10가지 물리적 증거로 논의를 제한한다.

2. 어뢰공격이 불가능한 이유

정부와 국방부가 주장하는 어뢰공격이 진실(True)이라면, 어뢰공격과 10가지 물리적 증거들 사이에 모두 인과관계가 성립할 것이다. 그러나 어뢰공격 주장이 거짓(False)이라면, 어뢰공격과 10가지 물리적 증거들 사이에 인과관계가 성립하지 않을 것이다. 어뢰공격과 단 1가지 물리적 증거라도 인과관계가 성립하지 않을 경우에 어뢰공격 주장은 거짓이다.

(1) 어뢰공격과 10가지 물리적 증거의 인과관계 검증

천안함 사건의 10가지 물리적 증거와 어뢰공격 주장의 인과관계를 검증해보자.

천안함의 반파결과를 보여주는 물리적 증거와 어뢰공격 주장 사이에 인과관계가 성립하는 경우에 '일치(O)'로 표기하고, 인과관계가 성립하지 않는 경우에 '불일치(X)'로 표기한다.

• **증거1.** 천안함의 좌현보다 우현의 손상이 훨씬 크다.

천안함의 좌현하단의 아래에서 어뢰가 폭발할 경우에 좌현보다 우현의 손상이 클 수 있는가? 좌현하단보다 우현하단의 손상이 클 수 있는가? 그것은 불가능하다. 100% 불가능하다. 단 1%의 가능성도 없다.

천안함의 좌현하단의 아래에서 어뢰가 폭발할 경우에 좌현의 손상이 우현의 손상보다 훨씬 커야 한다. 그리고 좌현하단의 손상이 우현하단의 손상보다 훨씬 커야 한다. 그러나 실제 천안함은 좌현보다 우현의 손상이 훨씬 크다. 또한 좌현하단보다 우현하단의 손상이 훨씬 크다.

좌현하단의 아래에서 어뢰가 폭발했는데, 좌현보다 우현의 손상이 크게 발생하는 것은 불가능하다. 그리고 좌현하단의 손상보다 우현하단의 손상이 크게 발생하는 것은 불가능하다. 따라서 국방부가 주장하는 좌현하단에서 어뢰폭발 주장은 거짓(False)이다.

【 증거1 검증결과: 불일치 X 】

국방부의 어뢰공격 주장과 천안함의 손상위치(우현하단의 손상) 사이에 인과관계가 성립하지 않는다.

• **증거2.** 천안함은 중간보다 조금 뒤쪽이 절단되었다.

천안함의 중간보다 조금 뒤쪽에서 어뢰가 폭발할 경우에 해당 위치에서 반파가 일어날 수 있는가? 가능하다. 천안함의 중간보다 조금 뒤쪽에서 어뢰가 폭발할 경우에 해당 위치에서 반파가 일어나는 것은 가능하다.

지금까지 천안함의 좌현하단 아래에서 어뢰가 폭발했다는 주장에 대하여 여러 가지 의문과 문제제기가 있었다. 그러나 국방부의 주장대로 중간보다 조금 뒤쪽에서 어뢰가 폭발했다면 해당 위치에서 반파가 일어날 수 있다.

【 증거2 검증결과: 일치 O 】

국방부의 어뢰공격 주장과 천안함의 반파위치(중간보다 조금 뒤쪽) 사이에 인과관계가 성립한다.

• **증거3.** 천안함의 우현하단이 수축하고, 좌현상단이 팽창하였다.

천안함의 좌현하단의 아래에서 어뢰가 폭발할 경우에 우현하단이 크게 수축할 수 있는가?

좌현하단의 아래에서 어뢰가 폭발한 경우에 우현하단이 크게 수축하고, 동시에 좌현상단이 팽창할 수 있는가?

그것은 불가능하다. 단 1%의 가능성도 없다.

천안함의 좌현하단 아래에서 어뢰가 폭발할 경우에 좌현하단이 수축하고, 좌현상단이 팽창할 것이다. 그러나 실제 천안함은 우현하단이 크게 수축하고, 동시에 좌현상단이 크게 팽창하였다. 천안함의 좌현하단 아래에서 어뢰가 폭발할 경우에 어떠한 경우에도 우현하단이 크게 수축하는 일은 불가능하다. 천안함의 좌현하단의 아래에서 어뢰가 폭발할 경우에 예상되는 손상모습과 실제 손상모습이 다르다. 따라서 국방부가 주장하는 좌현하단에서 어뢰폭발 주장은 거짓(False)이다.

【 증거3 검증결과: 불일치 X 】

국방부의 어뢰공격 주장과 천안함의 변형모습(우현하단의 수축과 좌현상단의 팽창) 사이에 인과관계가 성립하지 않는다.

- **증거4.** 스크루 프로펠러가 전진모드에서 우현 프로펠러들이 안쪽으로 휘어졌다.

국방부의 주장대로 좌현하단의 아래에서 어뢰가 폭발할 경우에 우현 프로펠러들의 가장자리가 모두 안쪽으로 휘어질 수 있는가? 그것은 불가능하다. 좌현하단에서 어뢰가 폭발할 경우에 우현하단에 설치된 우현 스크루 프로펠러가 손상될 수 없다. 우현 스크루 프로펠러의 날개들이 모두 안쪽으로 휘어지는 것은 불가능하다.

국방부는 천안함 반파와 함께 스크루 프로펠러의 작동이 정지되고, 이때 프로펠러들이 회전관성에 의해서 휘어졌다고 주장한다(국방부 보고서, 51쪽; 한겨레신문, 2010.9.13). 천안함의 동력이 차단된 후에 관성회전에 의해서 프로펠러들이 안쪽으로 휘어지다니! 헐! 어떻게 이런 생각이 가능하지? 너무도 황당한 주장에 할 말을 잃는다. 헉헉!!

지금까지 천안함 스크루 프로펠러에 대한 여러 논쟁이 있었다. 국방부의 주장을 지지하는 어떤 교수는 스크루 프로펠러들이 회전관성에 의해서 휘어지는 황당한 시뮬레이션을 제시하였다(프레시안, 2010.11.22). 그러나 교수가 제시한 시뮬레이션에서 프로펠러들이 휘는 방향이 실제와 반대방향으로 나타났다. 이러한 문제를 지적하자 시뮬레이션을 담당했던 교수는 "그렇다면 원인을 알 수 없는 것"이라며 자신의 주장을 바꾸었다.

【 증거4 검증결과: 불일치 X 】

국방부의 어뢰공격 주장과 스크루 프로펠러의 손상 사이에 인과관계가 성립하지 않는다.

• **증거5.** 반파된 함수가 우현으로 넘어갔다.

천안함의 좌현하단의 아래에서 어뢰가 폭발할 경우에 천안함은 우현으로 넘어갈 수 있는가? 그렇다. 충분히 가능하다. 국방부의 주장대로 좌현하단의 아래에서 어뢰가 폭발할 경우에 천안함이 반파되면서 함수가 우현으로 넘어갈 수 있다.

【 증거5 검증결과: 일치 O 】

국방부의 어뢰공격 주장과 함수가 우현으로 넘어간 사실 사이에 인과관계가 성립한다.

- **증거6.** 반파된 함미와 파편들이 함께 있다.
- **증거7.** 반파 후 함수가 오랫동안 표류하고, 함미가 곧바로 가라앉았다.

천안함의 함미와 파편들이 함께 있다는 물리적 증거는 반파와 동시에 함미가 가라앉았다는 명백한 증거이다. 천안함이 어뢰폭발로 반파될 경우에 함미가 곧바로 가라앉을 수 있는가? 천안함의 함미가 1초만에 사라질 수 있는가? 그것은 불가능하다. 단 1%의 가능성도 없다.

북한의 어뢰공격으로 천안함이 반파될 경우에 부력이 전혀 없는 파편들은 곧바로 가라앉는다. 그러나 함미는 함수와 마찬가지로 조류를 따라 표류해야 한다. 천안함에는 어뢰폭발과 공중폭격에 대비한 다수의 수밀문(격벽)이 설치되었기 때문이다. 천안함이 어뢰폭발로 반파될 경우에 함수와 함미는 모두 부력에 의해서 바닷물에 떠야 한다. 따라서 천안함 반파 시에 발생한 파편들과 함미의 침몰위치는 완전히 달라야 한다.

결론적으로 천안함이 어뢰폭발로 반파될 경우에 함미와 파편들이 같은 위치에 있을 수 없다. 또한 어뢰폭발로 천안함이 반파될 경우에 함수만이 부력을 유지하고, 함미에 전혀 부력이 없는 것은 불가능하다.

【 증거6, 7 검증결과: 불일치 X 】

국방부의 어뢰공격 주장과 함미 및 파편들의 위치 사이에 인과관계가 성립하지 않는다. 어뢰공격 주장은 함미에 전혀 부력이 없는 사실과 인과관계가 성립하지 않는다.

- **증거8.** 함수의 장병들은 큰 상처 없이 바닷물에 젖지 않고 생존하였다.

천안함이 어뢰공격으로 반파될 경우에 함수의 장병들이 별다른 상처 없이 생존하는 것이 가능한가? 그것은 불가능하다. 단 1%의 가능성도 없다.

천안함이 반파될 정도의 파괴력을 갖는 어뢰폭발이 있었다면, 함수의 장병들이 모두 폭발에 의한 충격으로 사망해야 한다.

【 증거8 검증결과: 불일치 X 】

국방부의 어뢰공격 주장과 생존자 모습 사이에 인과관계가 성립하지 않는다.

• **증거9.** 함미의 장병들은 대부분 큰 상처 없이 익사하였다.

천안함이 어뢰공격으로 반파될 경우에 함미의 장병들이 별다른 상처 없이 익사하는 것이 가능한가? 그것은 불가능하다. 단 1%의 가능성도 없는 불가능한 일이다.

천안함이 반파될 정도의 파괴력을 갖는 어뢰폭발이 있었다면, 함미의 장병들이 폭발에 의한 충격으로 사망해야 한다. 따라서 함미 장병들의 사망원인은 익사(溺死)가 아니라 외상(外傷)에 의한 사망이어야 한다. 그러나 함미의 장병들은 별 다른 상처 없이 익사하였다.

【 증거9 검증결과: 불일치 X 】

국방부의 어뢰공격 주장과 사망자 모습 사이에 인과관계가 성립하지 않는다.

• **증거10.** 천안함의 함미가 좌초하였다.

천안함이 어뢰공격으로 반파될 경우에 함미에 좌초흔적이 발생할 수 있는가? 그것은 불가능하다. 단 1%의 가능성도 없다.

국방부는 사건 다음날에 좌초를 주장하다가 나중에 북한의 어뢰공격으로 주장을 바꾸었다. 그리고 천안함 함미에 있던 뚜렷한 좌초흔적(스크래치)마저 지워버렸다. 국방부가 천안함 사건을 밝히는 중요한 증거를 없애버렸다.

국방부의 어뢰공격 주장과 함미의 좌초흔적 사이에 인과관계가
성립하지 않는다.

---

(2) 종합 및 결론

지금까지 국방부의 어뢰공격 주장과 조작이 불가능한 10가지 물리
적 증거의 인과관계를 검증한 결과는 〈표1〉과 같다.

표1. 북한의 어뢰공격과 10가지 물리적 증거의 인과관계

	조작이 불가능한 10가지 물리적 증거	검증
1	천안함의 좌현보다 우현의 손상이 훨씬 크다.	X
2	천안함은 중간보다 조금 뒤쪽이 절단되었다.	O
3	천안함의 우현하단이 수축하고, 좌현상단이 팽창하였다.	X
4	스크루 프로펠러가 전진모드에서 우현 프로펠러들이 안쪽으로 휘어졌다.	X
5	반파된 함수가 우현으로 넘어갔다.	O
6	반파된 함미와 파편들이 함께 있다.	X

7	반파 후 함수가 오랫동안 표류하고, 함미가 곧바로 가라앉았다.	X
8	함수의 장병들은 큰 상처 없이 바닷물에 젖지 않고 생존하였다.	X
9	함미의 장병들은 대부분 큰 상처 없이 익사하였다.	X
10	천안함의 함미가 좌초하였다.	X

천안함 사건의 10가지 물리적 증거에서 2가지 물리적 증거만이 어뢰공격 주장과 인과관계가 성립한다. 어뢰공격(반파원인)이 진실(True)이라면 어뢰공격과 10가지 물리적 증거 사이에 모두 필연적 인과관계가 성립해야 한다. 인과관계에 대한 검증에서 단 1가지라도 인과관계가 성립하지 않는다면, 어뢰공격 주장은 거짓이 된다. 그런데 국방부가 주장하는 어뢰공격은 무려 조작이 불가능한 8가지 물리적 증거와 인과관계가 성립하지 않는다.

국방부가 주장하는 어뢰공격과 인과관계가 성립하지 않는 8가지 물리적 증거들은 모두 국방부의 어뢰공격을 부정하는 강력한 증거이다.

천안함의 좌현하단의 아래에서 어뢰가 폭발할 경우에 좌현하단보다 우현하단의 손상이 큰 것은 불가능하며, 또한 좌현상단이 팽창하면서 우현하단이 크게 수축하는 것은 불가능하다. 또한 우현 프로펠러의 모든 날개들이 안쪽으로 휘어 들어가는 것이 불가능하다. 이러한 물리적 증거들은 너무도 거대해서 국방부나 어떤 누구도 조작할 수 없는 천안함의 반파모습이다. 따라서 국방부의 어뢰공격 주장은 100% 거짓이요, 단 1%의 진실 가능성도 없는 새빨간 거짓말이다.

또한 천안함의 좌현하단의 아래에서 어뢰가 폭발할 경우에 함미가 1초 만에 바다 속으로 사라지는 것이 불가능하다. 어떠한 폭발에서도 반파된 천안함의 함미는 1초 만에 바다 속으로 사라지는 것은 불가능하다. 함수의 장병들이 별 다른 상처 없이 생존하는 것이 불가능하며, 함미의 장병들이 별 다른 상처 없이 익사하는 것이 불가능하다. 또한 함미에 좌초흔적이 발생하는 것이 불가능하다.

조작이 불가능한 10가지 물리적 증거들 사이의 인과관계 검증

북한의 어뢰공격 주장이 진실일 경우에 조작이 불가능한 10가지 물리적 증거들 사이에 모두 인과관계가 성립해야 한다. 북한의 어뢰공격 주장이 진실일 경우에 조작이 불가능한 10가지 물리적 증거들 사이에 아무런 모순이 없어야 한다. 이러한 이유는 북한의 어뢰공격으로 조작이 불가능한 10가지 물리적 증거들이 발생하였기 때문이다.

그러나 북한의 어뢰공격 주장에서 조작이 불가능한 10가지 물리적 증거들 사이에 인과관계가 전혀 성립하지 않는다. 조작이 불가능한 10가지 물리적 증거들 사이에 심각한 모순이 있다.

천안함의 좌현하단 아래에서 어뢰폭발로 우현으로 넘어갔다. 이러한 사실과 천안함의 반파모습(우현하단이 수축하면서 좌현상단이 팽창한 사실, 좌현보다 우현의 손상이 훨씬 큰 사실) 사이에 인과관계가 성립하지 않는다. 또한 어뢰폭발로 발생한 천안함의 반파모습과 장병들의 모습(생존자들이 큰 부상 없이 생존한 사실, 함미의 장병들이 큰 부상 없이 익사한 사실) 사이에 인과관계가 성립하지 않는다.

그리고 국방부의 어뢰폭발 주장에서 '천안함 함미의 좌초사실과, 스크루 프로펠러의 손상'에 대한 설명이 불가능하다. 천안함의 좌초사실과 스크루 프로펠러의 손상은 다른 물리적 증거들과 전혀 인과관계가 성립하지 않는다. 조작이 불가능한 물리적 증거들 사이에 심각한 모순이 있다.

위와 같이 북한의 어뢰공격 주장에서 조작이 불가능한 10가지 물리적 증거들 사이에 서로 인과관계가 성립하지 않는다. 구체적으로 좌현하단 아래에서 어뢰폭발로 천안함이 우현으로 넘어간 사실과, 천안함의 반파모습, 생존 장병들의 모습과 사망 장병들의 모습, 천안함의 좌초사실, 그리고 스크루 프로펠러의 손상 사이에 인과관계가 성립하지 않는다.

조작이 불가능한 물리적 증거들 사이에 인과관계가 성립하지 않는다는 사실은 물리적 증거들 사이에 모순이 있다는 증거이다. 이러한 결과는 북한의 어뢰공격 주장이 100% 거짓이라는 증거이다. 단 1%도 북한의 어뢰공격 주장이 진실일 가능성이 없다.

북한의 어뢰공격 주장과 조작이 불가능한 10가지 물리적 증거들 사이에 전혀 인과관계가 성립하지 않는다. 또한 조작이 불가능한 10가지 물리적 증거들 사이에 전혀 인과관계가 성립하지 않는다. 따라서 정부와 국방부의 주장은 100% 거짓(False)이요, 새빨간 거짓말이다. 단 1%도 국방부의 어뢰공격 주장이 진실일 가능성은 없다.

46장병들이 어뢰폭발로 사망했다고!

천안함이 어뢰폭발로 반파되었다고!

F
U
C
K

Y
O
U
!!

국민을 개돼지로 아는 비겁자들이여!

차라리 날 감옥에 보내주오.

제3장

잠수함 충돌이
불가능한 이유

정부와 국방부가 주장하는 북한의 어뢰공격을 반대하는 사람들의 대표적인 주장으로 잠수함 충돌설이 있다. 잠수함 충돌 주장은 크게 2가지로 구별된다. 첫째는 천안함이 좌초 후에 잠수함과 충돌해서 반파되었다는 신상철과 일부 네티즌의 주장이다. 둘째는 천안함이 항해 중에 잠수함과 충돌했다는 일부 네티즌의 주장이다.

그러나 천안함이 잠수함 충돌에 의해서 반파되었다는 주장은 100% 거짓(False)이다. 단 1%도 진실가능성이 없다. 그 이유는 잠수함 충돌과 조작이 불가능한 반파결과들 사이에 인과관계가 전혀 성립하지 않기 때문이다.

잠수함 충돌과 천안함 사건의 10가지 물리적 증거들의 인과관계를 차례로 살펴보자. 먼저 잠수함 충돌설을 간단히 살펴보자.

1. 잠수함 충돌설 요약

잠수함 충돌설을 주장하는 대표적인 사람은 신상철이다. 그의 주장은 〈천안함은 좌초입니다!〉(신상철, 2012.12.3)에 상세하게 기술되었다. 그는 자신의 책과 강연에서 천안함이 백령도 근해에서 좌초한 후 바다로 나가다가 잠수함과 충돌했다고 주장한다. 구체적으로 (1) 천안함이 백령도 해안에서 좌초하고, (2) 좌초지역을 빠져나오면서 스크루 프로펠러가 손상되고, (3) 이후 백령도 근해로 나가던 천안함의 좌현하단과 잠수함이 충돌해서 반파되었다고 주장한다.

신상철의 주장은 한마디로 '좌초 후 잠수함 충돌설'이다. 이러한 잠수함 충돌설은 영화 〈천안함 프로젝트〉(백승우 감독, 2013)에서 비중 있게 소개되었다. 영화에서 잠수함이 미사일처럼 빠르게 나아가서 천안함의 좌현하단 부분과 충돌하는 장면을 보여준다. 이러한 모습이 신상철과 네티즌이 주장하는 천안함 반파의 원인이다.

2. 잠수함 충돌이 불가능한 이유

신상철과 네티즌이 주장하는 잠수함 충돌을 천안함 범죄의 10가지 물리적 증거로 검증해보자. 만약 잠수함 충돌이 진실(True)이라면, 잠수함 충돌은 10가지 물리적 증거들과 모두 필연적 인과관계가 성립할 것이다. 잠수함 충돌이 거짓(False)이라면, 잠수함 충돌은 10가지 물리적 증거들과 인과관계가 성립하지 않을 것이다. 단 1가지 물리적 증거라도 잠수함 충돌과 인과관계가 성립하지 않는 경우에 잠수함 충돌 주장은 거짓(False)이다.

(1) 잠수함 충돌과 10가지 물리적 증거의 인과관계 검증

천안함 사건의 10가지 물리적 증거와 잠수함 충돌 주장의 인과관계가 성립하는 경우에 '일치(O)'로 표기하고, 인과관계가 성립하지 않는 경우에 '불일치(X)'로 표기한다.

• **증거1.** 천안함의 좌현보다 우현의 손상이 훨씬 크다.

천안함의 좌현하단에 잠수함이 충돌할 경우에 좌현하단보다 우현하단의 손상이 클 수 있는가? 그것은 불가능하다. 단 1%의 가능성도 없는 불가능한 일이다.

천안함은 철(합금)로 만들어졌다. 철(합금)에 강력한 힘을 가할 경우에 철은 늘어난다. 만약 잠수함의 머리 부분이 천안함의 좌현하단과 충돌하였다면 좌현하단의 손상이 크게 나타날 것이다. 그러나 천안함은 좌현하단보다 우현하단의 손상이 훨씬 크다.

천안함의 좌현하단에 잠수함이 충돌했는데, 좌현하단보다 우현하단의 손상이 크게 발생하는 것은 불가능하다. 잠수함 충돌 주장과 천안함의 손상모습 사이에 인과관계가 성립하지 않는다. 따라서 신상철과 네티즌이 주장하는 좌현하단에서 잠수함 충돌 주장은 거짓(False)이다.

【 증거1 검증결과: 불일치 X 】

신상철 및 네티즌의 잠수함 충돌 주장과 천안함의 손상위치(우현하단의 손상) 사이에 인과관계가 성립하지 않는다.

• **증거2**　천안함은 중간보다 조금 뒤쪽이 절단되었다.

천안함의 중간보다 조금 뒤쪽에서 잠수함이 충돌한 경우에 해당 위치에서 반파가 일어날 수 있는가? 가능하다. 엄청난 속도의 잠수함이 절단부분에 충돌한다면 가능할 수 있다. 그러한 경우에 충돌한 부분이 급속도로 약화되면서 해당 부분이 반파될 수 있다. 따라서 잠수함 충돌 주장과 천안함의 절단위치 사이에 인과관계가 성립한다.

【 증거2 검증결과: 일치 O 】

신상철 및 네티즌의 잠수함 충돌 주장과 천안함의 반파위치(중간보다 조금 뒤쪽) 사이에 인과관계가 성립한다.

• **증거3.** 천안함의 우현하단이 수축하고, 좌현상단이 팽창하였다.

천안함의 좌현하단에 잠수함이 충돌할 경우에 우현하단이 크게 수축할 수 있는가? 그것은 불가능하다. 정확히 100% 불가능하다. 천안함의 좌현하단에 잠수함이 충돌할 경우에 천안함은 좌현하단이 수축하고, 우현상단이 팽창할 것이다. 천안함의 좌현하단에 잠수함이 충돌할 경우에 좌현하단이 크게 수축할 것이다. 그러나 실제 천안함은 좌현상단이 팽창하고, 동시에 우현하단이 크게 수축하였다. 이러한 결과는 좌현하단에 잠수함이 충돌할 경우에 불가능하다. 따라서 천안함의 좌현하단에 잠수함이 충돌했다는 주장과 천안함의 변형모습(우현하단의 수축 & 좌현상단의 팽창) 사이에 인과관계가 성립하지 않는다. 신상철과 네티즌의 잠수함 충돌 주장은 거짓(False)이다.

【 증거3 검증결과: 불일치 X 】

신상철 및 네티즌의 잠수함 충돌 주장과 천안함의 변형모습(수축과 팽창) 사이에 인과관계가 성립하지 않는다.

• **증거4.** 스크루 프로펠러가 전진모드에서 우현 프로펠러들이 안쪽으로 휘어졌다.

좌초 후 잠수함 충돌을 주장하는 신상철과 네티즌은 천안함 스크루 프로펠러의 손상모습이 좌초의 증거라고 주장한다. 그러나 천안함 스크루 프로펠러는 좌초의 증거가 아니다. 그 이유를 살펴보자.

좌초 후 잠수함 충돌을 주장하는 신상철은 천안함이 좌초지역을 빠져 나오면서 우현 스크루 프로펠러가 손상되었다고 한다. 구체적으로 천안함의 함미부분이 좌초지역(모래언덕)에 걸리고, 좌초지역을 빠져나오기 위해서 전진과 후진을 반복하다가 우현 스크루 프로펠러가 손상되었다고 주장한다. 이러한 주장을 많은 사람들이 지지하고 있다.

그러나 신상철의 주장은 진실(True)이 아니다. 천안함이 좌초지역을 빠져나오면서 발생할 수 있는 스크루 프로펠러의 손상모습과, 실제 스크루 프로펠러의 손상모습이 불일치하기 때문이다.

천안함 스크루 프로펠러의 손상모습을 자세히 살펴보자. 천안함의 좌현과 우현 스크루 프로펠러는 모두 전진모드(정회전)이고, 우현 스크루 프로펠러의 모든 날개들이 안쪽으로 휘어들어갔다. 이러한 스크루 프로펠러의 손상이 신상철이 주장하는 좌초상황에서 발생할 수 있는가? 중요한 것은 검증이다. 검증해보자.

신상철의 주장대로 천안함의 함미가 모래언덕에 좌초하였다고 하자. 이러한 경우에 천안함은 좌초지역을 빠져나오기 위해서 전진과 후진을 반복할 것이다. 먼저 천안함이 전진 하는 중에 발생할 수 있는 스크루 프로펠러의 손상을 보자.

천안함이 전진하는 중에 스크루 프로펠러와 모래(뻘)가 충돌할 경우에 우현의 스크루 프로펠러는 전진모드가 된다. 그리고 모래(뻘)와 충돌한 우현 스크루 프로펠러의 날개들이 뒤쪽으로 휘어질 것이다.

그러나 천안함 스크루 프로펠러의 실제모습은 우현 스크루 프로펠러의 날개들이 모두 안쪽으로 휘어들어갔다. 즉, 천안함이 전진 중에 발생할 수 있는 스크루 프로펠러의 손상모습(날개들이 뒤쪽으로 휘어짐)과 실제 우현 스크루 프로펠러의 손상모습(날개들이 안쪽으로 휘어짐)이 반대이다.

다음으로 천안함이 후진하는 중에 스크루 프로펠러와 모래(뻘)가 충돌할 경우에 우현의 스크루 프로펠러는 후진모드가 된다. 그리고 모래(뻘)와 충돌한 우현 스크루 프로펠러의 날개들이 안쪽으로 휘어들어간다. 그러나 천안함 스크루 프로펠러의 실제모습에서 좌우 스크루 프로펠러가 모두 전진모드이다. 천안함 스크루 프로펠러는 전진모드에서 우현 스크루 프로펠러의 날개들이 안쪽으로 휘어졌다.

위와 같이 신상철이 주장하는 좌초에서 예상되는 스크루 프로펠러의 손상모습과 실제 손상모습이 다르다. 따라서 신상철과 네티즌이 주장하는 잠수함 충돌과 스크루 프로펠러의 손상 사이에 인과관계가 성립하지 않는다.

• **증거5.** 반파된 함수가 우현으로 넘어갔다.

천안함의 좌현하단에 잠수함이 충돌할 경우에 천안함은 우현으로
넘어갈 수 있는가? 그렇다. 충분히 가능하다. 신상철과 네티즌의 주
장대로 좌현하단에 잠수함이 충돌할 경우에 반파된 함수가 우현으로
넘어갈 수 있다. 따라서 반파된 함수가 우현으로 넘어간 사실과 잠수
함 충돌 주장 사이에 인과관계가 성립한다.

• **증거6.** 반파된 함미와 파편들이 함께 있다.

• **증거7.** 반파 후 함수가 오랫동안 표류하고, 함미가 곧바로 가라앉
았다.

천안함의 반파로 발생한 대형 파편들과 함미가 같은 위치에 침몰하였다. 이러한 사실은 천안함의 반파와 동시에 함미가 곧바로 가라앉았다는 증거이다. 천안함 함장의 증언대로 천안함 반파 후 함미는 "1초"만에 바다 속으로 사라졌다.

그러면 천안함의 좌현하단과 잠수함이 충돌한 경우에 천안함의 반파와 동시에 함미가 곧바로 가라앉을 수 있는가? 함미가 "1초"만에 가라앉을 수 있는가? 이것은 불가능하다. 100% 불가능하다.

천안함이 잠수함 충돌로 반파될 경우에 부력이 전혀 없는 파편들은 곧바로 가라앉는다. 그러나 함미는 함수와 마찬가지로 조류를 따라 표류해야 한다. 천안함에는 어뢰폭발과 공중폭격에 대비한 다수의 수밀문(격벽)이 설치되었기 때문이다. 천안함이 잠수함 충돌로 반파될 경우에 함수와 함미는 모두 부력에 의해서 바닷물에 떠야 한다. 이러한 이유에서 잠수함 충돌로 천안함이 반파될 경우에 파편들과 함미의 침몰위치는 완전히 달라야 한다. 그러나 실제에서 함미와 파편들의 침몰위치는 같다.

신상철은 좌초 후에 함미로 바닷물이 일부 들어오는 상태에서 항해가 이루어졌다고 주장한다. 그래서 항해하는 천안함이 잠수함과 충돌해서 반파하고, 이후 함미가 빠르게 가라앉았다고 주장한다. 이러한 주장은 함미의 침몰위치와 인과관계가 성립하지 않는다.

좌초 후 항해가 가능한 정도라면 기관실에 아직 바닷물이 차지 않았으며, 또한 함미부분에 어느 정도 부력이 있는 상황이다. 이러한 이유에서 천안함의 반파와 동시에 함미가 가라앉는 것은 불가능하다. 따라서 잠수함 충돌 주장과 함미 및 파편들의 침몰위치가 같다는 사실 사이에 인과관계가 성립하지 않는다.

【 증거6, 7 검증결과: 불일치 X 】

신상철 및 네티즌의 잠수함 충돌 주장과 함미 및 파편들의 위치 사이에 인과관계가 성립하지 않는다. 그리고 잠수함 충돌 주장과 함미가 곧바로 가라앉은 사실과 인과관계가 성립하지 않는다.

• **증거8.** 함수의 장병들은 큰 상처 없이 바닷물에 젖지 않고 생존하였다.

천안함이 잠수함과 충돌해서 반파할 경우에 함수의 장병들이 별다른 상처 없이 생존하는 것이 가능한가? 그것은 거의 불가능하다. 현실적으로 가능성이 없다. 잠수함과 충돌해서 천안함이 반파되기 위해서는 잠수함은 매우 빠른 속도이어야 한다. 영화 〈천안함 프로젝트〉는 잠수함이 미사일처럼 나아가서 천안함의 좌현하단과 충돌하는 모습을 보여준다. 이러한 잠수함과 충돌해서 천안함이 반파되는 모습을 상상해보라.

천안함이 반파될 정도의 파괴력을 갖는 잠수함 충돌이 있었다면, 함수의 장병들이 그 충격으로 사망하거나 혹은 큰 부상을 당해야 한다. 그러나 함수의 장병들은 큰 부상이 없이 모두 생존하였다. 따라

서 잠수함 충돌 주장과 함수에 있는 장병들의 생존모습 사이에 인과
관계가 성립하지 않는다.

【 증거8 검증결과: 불일치 X 】

신상철 및 네티즌의 잠수함 충돌 주장과 생존자 모습 사이에 인
과관계가 성립하지 않는다.

• **증거9.** 함미의 장병들은 대부분 큰 상처 없이 익사하였다.

천안함이 잠수함 충돌로 반파될 경우에 함미의 장병들이 별다른
상처 없이 익사하는 것이 가능한가? 그것은 거의 불가능하다. 현실적
으로 가능성이 없다.

천안함이 반파될 정도의 파괴력을 갖는 잠수함 충돌이 있었다면,
함미의 장병들은 그 충격으로 사망하거나 큰 부상을 당해야 한다. 그
리고 사망원인은 익사(溺死)가 아니라 외상(外傷)에 의한 사망이어야
한다. 그러나 함미의 장병들은 별 다른 상처 없이 익사하였다.

좌초 후 잠수함 충돌 주장도 함미 장병들의 시신상태를 설명할 수
없다. 천안함의 함미가 좌초한 후 항해 중에 잠수함과 충돌했다면 천
안함은 반파 전에 함미가 수면 아래 가라앉은 상태가 아니었다. 따라
서 함미의 장병들은 천안함 반파 전에 생존한 것으로 볼 수 있다. 이
러한 이유로 천안함이 잠수함과 충돌로 반파할 경우에 함미의 장병

들은 외상에 의해서 사망하거나 큰 부상을 당해야 한다. 그러나 실제에서 대부분 함미의 장병들은 큰 상처 없이 익사하였다.

【 증거9 검증결과: 불일치 X 】

신상철 및 네티즌의 잠수함 충돌 주장과 사망자 모습 사이에 인과관계가 성립하지 않는다.

- **증거10.** 천안함의 함미가 좌초하였다.

신상철의 주장은 '좌초 후 잠수함 충돌설'이다. 신상철은 천안함 함미의 좌초사진과 여러 증거들을 근거로 좌초를 주장한다. 따라서 신상철 및 네티즌이 주장하는 좌초 후 잠수함 충돌 주장과 함미의 좌초흔적은 인과관계가 성립한다.

그러나 좌초를 부정하면서 잠수함 충돌만으로 천안함이 반파되었다는 일부 네티즌의 주장은 함미선저의 좌초흔적을 설명할 수 없다.

【 증거10 검증결과: 일치 O 】

신상철 및 네티즌의 좌초 후 잠수함 충돌 주장과 함미의 좌초흔적 사이에 인과관계가 성립한다. 그러나 일부 네티즌의 좌초가 없는 잠수함 충돌 주장과 좌초흔적 사이에 인과관계가 성립하지 않는다.

---

(2) 종합 및 결론

지금까지 잠수함 충돌 주장과 10가지 물리적 증거의 인과관계를 검증한 결과는 〈표 2〉와 같다.

표2. 잠수함 충돌과 10가지 물리적 증거의 인과관계

	조작이 불가능한 10가지 물리적 증거	검증
1	천안함의 좌현보다 우현의 손상이 훨씬 크다.	X
2	천안함은 중간보다 조금 뒤쪽이 절단되었다.	O
3	천안함의 우현하단이 수축하고, 좌현상단이 팽창하였다.	X
4	스크루 프로펠러가 전진모드에서 우현 프로펠러들이 안쪽으로 휘어졌다.	X
5	반파된 함수가 우현으로 넘어갔다.	O
6	반파된 함미와 파편들이 함께 있다.	X
7	반파 후 함수가 오랫동안 표류하고, 함미가 곧바로 가라앉았다.	X
8	함수의 장병들은 큰 상처 없이 바닷물에 젖지 않고 생존하였다.	X
9	함미의 장병들은 대부분 큰 상처 없이 익사하였다.	X
10	천안함의 함미가 좌초하였다.	O

천안함 사건의 10가지 물리적 증거에서 3가지 물리적 증거만이 잠수함 충돌과 인과관계가 성립한다. 잠수함 충돌(반파원인)이 진실(True)이라면 잠수함 충돌과 10가지 물리적 증거 사이에 모두 필연적 인과관계가 성립해야 한다. 인과관계 검증에서 단 1가지라도 인과관계가 성립하지 않는다면, 잠수함 충돌 주장은 거짓이다.

신상철과 네티즌이 주장하는 잠수함 충돌과 인과관계가 성립하지 않는 7가지 물리적 증거들은 모두 잠수함 충돌을 부정하는 결정적 증거이다.

천안함의 좌현하단에 잠수함이 충돌할 경우에 좌현하단보다 우현하단의 손상이 훨씬 큰 것은 불가능하다. 또한 우현하단이 크게 수축하고, 동시에 좌현상단이 크게 팽창하는 것이 불가능하다. 또한 신상철이 주장하는 좌초상황에서 스크루 프로펠러가 전진모드이면서 우현 프로펠러의 모든 날개들이 안쪽으로 휘어지는 것이 불가능하다. 이러한 물리적 증거들은 너무도 거대해서 국방부나 어떤 누구도 조작할 수 없는 천안함의 반파모습이다. 따라서 신상철과 네티즌이 주장하는 잠수함 충돌 주장은 100% 거짓(False)이다. 단 1%도 진실(True)일 가능성이 없는 허망한 주장이다.

또한 천안함의 좌현하단에 잠수함이 충돌할 경우에 함미가 1초 만에 바다 속으로 사라지는 것이 불가능하다. 함수의 장병들이 별 다른 상처 없이 생존하기 어렵고, 함미의 장병들이 별 다른 상처 없이 익사하기 어렵다.

일부 네티즌의 소수의견으로 잠수함 충돌만으로 천안함이 반파되었다고 주장이 있다. 이러한 주장 역시 10가지 물리적 증거에서 단 2가지 물리적 증거만이 인과관계가 성립한다. 따라서 일부 네티즌의 '좌초 없는 잠수함 충돌 주장' 역시 100% 거짓이다. 단 1%도 진실가능성이 없다.

그리고 잠수함이 항해 중인 천안함의 뒤쪽에서 다가와 우현 스크루 프로펠러와 충돌했다는 소수 의견도 있다. 이러한 주장은 스크루 프로펠러의 손상만 설명이 가능하며, 그 외 9가지 물리적 증거들을 전혀 설명할 수 없다. 그 외에도 황당한 잠수함 충돌주장이 있는데, 논의할만한 가치가 없기에 생략한다.

조작이 불가능한 10가지 물리적 증거들 사이의 인과관계 검증

잠수함 충돌 주장이 진실일 경우에 조작이 불가능한 10가지 물리적 증거들 사이에 모두 인과관계가 성립해야 한다. 좌초 후 잠수함 충돌 주장이 진실일 경우에 조작이 불가능한 10가지 물리적 증거들 사이에 어떠한 모순도 없어야 한다. 이러한 이유는 잠수함 충돌로 조작이 불가능한 10가지 물리적 증거들이 발생하였기 때문이다.

그러나 잠수함 충돌 주장에서 조작이 불가능한 10가지 물리적 증거들 사이에 인과관계가 전혀 성립하지 않는다. 조작이 불가능한 10가지 물리적 증거들 사이에 심각한 모순이 있다.

천안함의 좌현하단과 잠수함이 충돌해서 천안함이 반파되면서 우현으로 넘어갔다. 이러한 사실과 천안함의 반파모습(우현하단이 수축하면서 좌현상단이 팽창한 사실, 좌현보다 우현의 손상이 훨씬 큰 사실) 사이에 인과관계가 성립하지 않는다. 또한 잠수함 충돌에 의한 천안함의 반파모습과 장병들의 모습(함수의 장병들이 큰 부상 없이 생존한 사실, 함미의 장병들이 큰 부상 없이 익사한 사실) 사이에 인과관계가 성립하지 않는다.

그리고 천안함의 함미가 좌초한 사실과 스크루 프로펠러의 손상 사이에 인과관계가 성립하지 않는다. 천안함의 스크루 프로펠러의 손상 모습은 천안함이 좌초지역에서 빠져나오면서 발생할 수 있는 손상모습과 다르다.

위와 같이 잠수함 충돌 주장에서 조작이 불가능한 10가지 물리적 증거들 사이에 서로 인과관계가 성립하지 않는다. 구체적으로 천안함의 좌현하단과 잠수함이 충돌해서 천안함이 우현으로 넘어간 사실과, 천안함의 반파모습, 생존 장병들과 사망 장병들의 모습, 그리고 스크루 프로펠러의 손상 사이에 인과관계가 성립하지 않는다. 인과관계가 성립하지 않는다는 사실은 물리적 증거들 사이에 모순이 있다는 증거이다.

따라서 잠수함 충돌 주장은 100% 거짓(False)이다. 단 1%도 잠수함 충돌 주장이 진실(True)일 가능성이 없다.

잠수함 충돌 주장과 조작이 불가능한 10가지 물리적 증거 사이에 인과관계가 전혀 성립하지 않는다. 또한 잠수함 충돌 주장에서 10가지 물리적 증거들 사이에 인과관계가 전혀 성립하지 않는다. 이러한 이유로 신상철과 네티즌이 주장하는 잠수함 충돌 주장은 100% 거짓(False)이다. 단 1%도 그들의 주장이 진실일 가능성은 없다.

우리가 엄격한 인과관계로 국방부의 주장을 검증했던 것처럼 국방부의 주장에 반대하는 주장들 역시 엄격한 인과관계로 검증해야 한다.

제4장

모든 외부충격이 불가능한 이유

지금까지 인과관계 검증으로 어뢰공격에 의한 반파가 불가능한 사실과, 잠수함 충돌에 의한 반파가 불가능한 사실을 증명하였다. 국방부의 어뢰공격 주장이 거짓이라는 사실이 완전히 증명되었고, 신상철의 잠수함 충돌 주장이 거짓이라는 사실이 완전히 증명되었다. 이러한 검증과정을 보면서 논리적 사고가 발달한 사람들은 이미 알아차렸을 것이다. 어떠한 외부충격도 조작이 불가능한 10가지 물리적 증거와 인과관계가 성립하지 않는다는 사실을. 어떠한 외부충격에 의한 반파에서도 10가지 물리적 증거들 사이에 인과관계가 성립하지 않는다는 사실을.

천안함의 좌현에 발생한 외부충격과 인과관계가 성립하지 않는 물리적 증거들이 있으며, 또한 우현에 발생한 외부충격과 인과관계가 성립하지 않는 물리적 증거들이 있다. 따라서 천안함의 어떤 쪽에서 발생한 외부충격도 10가지 물리적 증거와 인과관계가 성립하지 않는다. 천안함에 발생한 어떠한 외부충격으로도 설명이 불가능한 물리적 증거들이 있다.

그렇다. 국방부가 주장하는 어뢰폭발, 국방부의 주장과 다른 유형의 어뢰폭발, 신상철 및 네티즌이 주장하는 잠수함 충돌, 일부 네티즌이 주장하는 단순좌초, 사건초기에 일부가 주장한 기뢰폭발을 포함해서 어떠한 외부충격에 의한 반파도 불가능하다. 그 이유는 어떠한 외부충격도 천안함 범죄의 10가지 물리적 증거들과 모두 인과관계가 성립하지 않기 때문이다.

1. 모든 외부충격과 물리적 증거의 인과관계 검증

천안함에 가해지는 외부충격은 크게 좌현하단에 가해지는 외부충격과, 우현하단에 가해지는 외부충격으로 구별할 수 있다. 이러한 외부충격과 천안함 범죄의 10가지 물리적 증거의 인과관계를 차례로 검증해보자.

(1) 좌현하단의 외부충격과 10가지 물리적 증거의 인과관계 검증

먼저 천안함의 좌현하단에 외부충격이 발생한 경우를 인과관계로 검증해보자. 국방부의 어뢰공격 주장과 신상철의 잠수함 충돌주장이 모두 좌현하단에 외부충격이 발생한 경우이다.

천안함의 좌현하단에 발생한 외부충격과 10가지 물리적 증거들 사이의 인과관계를 검증한 결과는 〈표 3〉과 같다.

표 3. 좌현하단의 외부충격과 10가지 물리적 증거의 인과관계

	조작이 불가능한 10가지 물리적 증거	검증
1	천안함의 좌현보다 우현의 손상이 훨씬 크다.	X
2	천안함은 중간보다 조금 뒤쪽이 절단되었다.	O
3	천안함의 우현하단이 수축하고, 좌현상단이 팽창하였다.	X
4	스크루 프로펠러가 전진모드에서 우현 프로펠러들이 안쪽으로 휘어졌다.	X
5	반파된 함수가 우현으로 넘어갔다.	O
6	반파된 함미와 파편들이 함께 있다.	X
7	반파 후 함수가 오랫동안 표류하고, 함미가 곧바로 가라앉았다.	X
8	함수의 장병들은 큰 상처 없이 바닷물에 젖지 않고 생존하였다.	X
9	함미의 장병들은 대부분 큰 상처 없이 익사하였다.	X
10	천안함의 함미가 좌초하였다.	X

천안함 사건의 10가지 물리적 증거에서 2가지 물리적 증거만이 좌현하단의 외부충격과 인과관계가 성립한다. 좌현하단의 외부충격(반파원인)이 진실(True)이라면 좌현하단의 외부충격과 10가지 물리적 증거 사이에 필연적 인과관계가 모두 성립해야 한다. 만약 인과관계 검증에서 단 1가지라도 인과관계가 성립하지 않는다면, 좌현하단의 외부충격(반파원인)은 거짓이다. 그런데 좌현하단의 외부충격과 10가지 물리적 증거들 사이에 무려 8가지에서 인과관계가 성립하지 않았다. 따라서 좌현하단

의 외부충격에 의한 반파가능성은 전혀 없다. 단 1%도 가능성이 없다.

좌현하단에서 발생한 외부충격에 천안함이 반파될 경우에 좌현하단보다 우현하단의 손상이 큰 것은 불가능하다. 또한 우현하단이 크게 수축하면서 좌현상단이 팽창하는 것이 불가능하다. 또한 우현 프로펠러의 모든 날개들이 안쪽으로 휘어지는 것이 불가능하다. 이러한 물리적 증거들은 너무도 거대해서 국방부나 어떤 누구도 조작할 수 없는 천안함의 반파모습이다. 따라서 천안함의 좌현하단의 외부충격(반파원인)이 진실(True)일 가능성은 0%이다.

또한 반파 후 함미가 1초 만에 바다 속으로 사라지는 것이 불가능하다. 함수의 장병들이 별 다른 상처 없이 생존하는 것이 불가능하며, 함미의 장병들이 별 다른 상처 없이 익사하는 것이 불가능하다. 그리고 함미에 좌초흔적이 발생하기 어렵다.

조작이 불가능한 10가지 물리적 증거들 사이의 인과관계 검증

좌현하단의 충격에 의한 반파 주장에서 조작이 불가능한 10가지 물리적 증거들 사이에 서로 인과관계가 전혀 성립하지 않는다. 조작이 불가능한 10가지 물리적 증거들 사이에 심각한 모순이 있다.

구체적으로 천안함의 좌현하단에서 발생한 충격으로 천안함이 우현으로 넘어간 사실과, 천안함의 반파모습, 생존 장병들과 사망 장병들의 모습, 스크루 프로펠러의 손상, 그리고 함미의 좌초사실 사이에 인과관계가 성립하지 않는다. 인과관계가 성립하지 않는다는 사실은 10가지 물리적 증거들 사이에 모순이 있다는 증거이다. 따라서 좌현하단에서 발생한 충격으로 천안함이 반파될 가능성은 0%이다. 단 1%도 좌현하단에서 발생한 충격으로 천안함이 반파될 가능성이 없다.

천안함의 좌현하단에 발생할 수 있는 어떠한 외부충격도 10가지 물리적 증거들과 인과관계가 성립하지 않는다. 또한 조작이 불가능한 10가지 물리적 증거들 사이에 인과관계가 성립하지 않는다. 따라서 천안함의 좌현하단에 발생할 수 있는 어떠한 외부충격도 천안함의 반파원인이 될 수 없다.

(2) 우현하단의 외부충격과 10가지 물리적 증거의 인과관계 검증

천안함을 반파시킬 수 있는 충격이 좌현하단이 아니라 우현하단에 발생할 수 있다. 실제 네티즌의 소수의견으로 좌현하단(아래)에서 어뢰폭발이 아니라 우현하단(아래)에서 어뢰폭발이 발생하였다는 주장이 있다. 국방부의 어뢰폭발을 지지하는 일부 네티즌은 천안함의 반파모습을 근거로 천안함의 우현하단(아래)에서 어뢰가 폭발했다고 주장한다.

또한 네티즌의 소수의견으로 좌현하단이 잠수함과 충돌한 것이 아니라 우현하단이 잠수함과 충돌했다는 주장이 있다. 잠수함 충돌을 지지하는 일부 네티즌은 천안함의 반파모습을 근거로 천안함의 우현하단에 잠수함이 충돌했다고 주장한다.

이러한 주장들이 진실인가? 진실이 가능성이 있는가? 전혀 없다. 단 1%도 진실가능성이 없다. 그 이유는 우현하단에 발생하는 외부충격과 물리적 증거들 사이에 인과관계가 전혀 성립하지 않기 때문이다.

천안함의 우현하단에 발생한 외부충격과 물리적 증거들 사이의 인과관계를 검증한 결과는 〈표 4〉과 같다.

표4. 우현하단의 외부충격과 10가지 물리적 증거의 인과관계

	조작이 불가능한 10가지 물리적 증거	검증
1	천안함의 좌현보다 우현의 손상이 훨씬 크다.	O
2	천안함은 중간보다 조금 뒤쪽이 절단되었다.	O
3	천안함의 우현하단이 수축하고, 좌현상단이 팽창하였다.	O
4	스크루 프로펠러가 전진모드에서 우현 프로펠러들이 안쪽으로 휘어졌다.	X
5	반파된 함수가 우현으로 넘어갔다.	X
6	반파된 함미와 파편들이 함께 있다.	X
7	반파 후 함수가 오랫동안 표류하고, 함미가 곧바로 가라앉았다.	X
8	함수의 장병들은 큰 상처 없이 바닷물에 젖지 않고 생존하였다.	X
9	함미의 장병들은 대부분 큰 상처 없이 익사하였다.	X
10	천안함의 함미가 좌초하였다.	X

천안함 사건의 10가지 물리적 증거에서 3가지 물리적 증거만이 우현하단의 외부충격과 인과관계가 성립한다. 우현하단의 외부충격(반

파원인)이 진실(True)이라면 우현하단의 외부충격과 10가지 물리적 증거 사이에 필연적 인과관계가 모두 성립해야 한다. 만약 인과관계에 대한 검증에서 단 1가지라도 인과관계가 성립하지 않는다면, 우현하단의 외부충격(반파원인)은 거짓이다.

우현하단에서 발생한 외부충격에 천안함이 반파될 경우에 좌현하단보다 우현하단의 손상이 큰 것이 충분히 가능하다. 또한 우현하단이 수축하면서 좌현상단이 팽창하는 것이 충분히 가능하다. 그리고 천안함의 절단위치에서 외부충격이 가해졌다면 해당 부분이 절단될 수 있다.

그러나 우현하단에서 발생한 외부충격에 천안함이 반파될 경우에 우현 프로펠러의 모든 날개들이 안쪽으로 휘어지는 것이 불가능하다. 또한 반파된 함수가 우현으로 넘어간 것이 불가능하고, 반파 후 함미가 1초 만에 바다 속으로 사라지는 것이 불가능하다. 또한 함수의 장병들이 별 다른 상처 없이 생존하는 것이 불가능하며, 함미의 장병들이 별 다른 상처 없이 익사하는 것이 불가능하다. 그리고 함미에 좌초흔적이 발생하기 어렵다.

조작이 불가능한 10가지 물리적 증거들 사이의 인과관계 검증

우현하단의 충격에 의한 반파 주장에서 조작이 불가능한 10가지 물리적 증거들 사이에 서로 인과관계가 전혀 성립하지 않는다. 조작이 불가능한 10가지 물리적 증거들 사이에 심각한 모순이 있다.

구체적으로 우현하단의 충격으로 발생한 천안함의 반파모습(우현하단이 수축하면서 좌현상단이 팽창한 사실, 좌현보다 우현의 손상이 훨씬 큰 사실)과, 천안함이 우현으로 넘어간 사실, 생존 장병들과 사망 장병들의 모습, 스크루 프로펠러의 손상, 그리고 천안함의 좌초사실 사이에 인과관계가 성립하지 않는다. 천안함 사건의 물리적 증거들 사이에 인과관계가 성립하지 않는다는 사실은 물리적 증거들 사이에 모순이 있다는 증거이다. 따라서 우현하단에서 발생한 충격으로 천안함이 반파될 가능성은 0%이다. 단 1%도 우현하단에서 발생한 충격으로 천안함이 반파될 가능성이 없다.

> 천안함의 우현하단에 발생할 수 있는 어떠한 외부충격도 물리적 증거들과 인과관계가 성립하지 않는다. 또한 조작이 불가능한 10가지 물리적 증거들 사이에 인과관계가 성립하지 않는다. 따라서 천안함의 우현하단에 발생할 수 있는 어떠한 외부충격도 천안함의 반파원인이 될 수 없다.

2. 종합 및 결론

천안함을 반파시킬 수 있는 어떠한 외부충격도 천안함 사건의 10가지 물리적 증거들과 인과관계가 성립하지 않는다. 천안함의 좌현하단에서 발생한 어떠한 외부충격도 10가지 물리적 증거들과 인과관계가 성립하지 않는다. 또한 천안함의 우현하단에서 발생한 어떠한 외부충격도 10

가지 물리적 증거들과 인과관계가 성립하지 않는다.

　구체적으로 천안함의 좌현하단 아래에서 어뢰가 폭발했다는 주장(국방부), 우현하단 아래에서 어뢰가 폭발했다는 주장(일부 네티즌), 좌초후 잠수함 충돌을 주장하는 신상철과 네티즌의 주장, 천안함의 우현하단과 잠수함이 충돌했다는 주장(일부 네티즌), 기뢰가 천안함의 선저와 접촉해서 폭발했다는 주장(일부 전문가 및 네티즌), 그리고 천안함이 암초와 충돌해서 반파되었다는 주장(일부 네티즌)은 모두 사실이 아니다. 단 1%도 진실가능성이 없다. 천안함의 선저에서 발생한 충격(폭발이나 충돌)으로 천안함이 반파되었다는 어떠한 주장도 사실이 아니다. 정확히 100% 거짓(False)이다.

　천안함에 가해질 수 있는 어떠한 외부충격도 천안함 사건의 10가지 물리적 증거들과 인과관계가 성립하지 않는다. 외부충격에 의한 반파 주장에서 10가지 물리적 증거들 사이에 인과관계가 전혀 성립하지 않는다. 이러한 검증결과가 보여주는 사실은 무엇인가?

　천안함은 외부충격에 의해서 반파되지 않았다. 천안함의 반파에 직접적인 영향을 줄 수 있는 외부충격 자체가 없었다. 천안함의 반파에 직접적 영향을 준 어떠한 외부충격도 없었다. 이러한 사실은 100% 진실(Ture)이다. 왜냐하면 어떠한 외부충격도 10가지 물리적 증거들과 인과관계가 성립하지 않기 때문이다. 또한 조작이 불가능한 10가지 물리적 증거들 사이에 심각한 모순이 있기 때문이다. 인과관계 검증에 사용된 10가지 물리적 증거들은 조작이 불가능한 물리적 증거라는 사실을 잊지 마시라.

제5장

모든 물리적 증거와
일치하는 유일한 반파원인

지
금까지 언론인과 전문가, 그리고 네티즌이 주장하는 반파원인들이 모두 거짓(False)이라는 사실을 인과관계 검증으로 증명하였다. 조작이 불가능한 10가지 물리적 증거들에 대한 인과관계 검증은 지금까지 국방부와 신문방송 및 네티즌이 제기한 '어뢰공격주장, 잠수함 충돌주장, 단순좌초 주장, 기뢰폭발 주장' 등이 모두 거짓이라는 사실을 보여준다. 그러한 주장들은 정확히 100% 거짓이다. 단 1%의 진실 가능성도 없다. 그 이유는 반파원인과 반파결과(조작이 불가능한 10가지 물리적 증거) 사이에 인과관계가 성립하지 않기 때문이다.

그러면 천안함 사건의 10가지 물리적 증거들과 모두 인과관계가 성립하는 반파원인은 무엇인가? 국방부나 그 어떤 누구도 조작할 수 없는 천안함 반파모습과 인과관계가 모두 성립하는 반파원인이 있는가? 천안함의 모든 반파결과들과 인과관계가 성립하는 반파원인이 있는가?

1. 수밀문 폐쇄 주장 요약

나는 천안함의 좌표분석과 물리적 증거분석을 근거로 천안함 장병들이 집단살인을 당한 것으로 판단한다. 천안함의 좌초 후 반파까지 함장과 국방부가 함수와 함미를 연결하는 수밀문을 폐쇄함으로 천안함 장병들이 익사하고, 또한 천안함이 반파한 것으로 본다. 여기서 수밀문의 폐쇄가 살인행위가 될 수 있는데, 그 이유는 수밀문은 함미의 장병들이 바닷물이 들어차는 함미에서 탈출할 수 있는 유일한 탈출로이기 때문이다. 이러한 판단에 따라 함장과 국방부를 '미필적 고의에 의한 살인(殺人) 혐의'로 검찰에 고발하였다. 또한 국방부 및 관계자들을 '천안함 사건을 조작하고, 국민들을 상대로 적군에게 사용하는 심리전(心理戰)을 사용한 죄(罪)'로 검찰에 고발하였다. 이러한 주장은 매우 급진적이다.

나의 주장대로 함장과 국방부가 좌초 후 반파까지 수밀문을 폐쇄하였다면 그들에게 살인혐의가 성립하고, 생존 장병들은 전우들의 죽음을 방관한 것이 될 수 있다. 이러한 주장이 거짓이라면, 당연히 나는 법적인 책임을 져야 한다. 국방에 헌신하는 애국자들을 무고(誣告)한 죄로 징역형을 면치 못할 것이다. 나의 주장이 거짓이라면 감옥살이가 문제가 아니다. 나 스스로를 용서치 않을 것이다.

나의 주장이 사실인가? 아니면 잔혹한 거짓말인가? 중요한 것은 검증이다. 내가 주장하는 반파원인은 조작이 불가능한 10가지 물리적 증거들과 모두 인과관계가 성립하는가? 만약 내가 주장하는 반파원인과 10가지 물리적 증거들 사이에 단 하나라도 필연적 인과관계가 성립하지 않는 다면, 나의 주장은 100% 거짓이다. 단 1%의 진실가능성이 없다.

나의 주장에 대한 소개는 〈한사람을 기다리며 천안함을 고발하다 1.2〉(한민국, 2015; eBook 합본, 2018)에 따른다.

(1) 천안함의 좌초에서 반파까지 요약

나의 '좌초 후 수밀문 폐쇄 주장'은 기본적으로 좌표분석에 기초한 다. 천안함 반파 후에 제기된 모든 좌표들의 신뢰도를 분석하여 진실 (True)이 되는 좌표와 거짓(False)이 되는 좌표를 구별하였다. 그리고 진실(Ture)이 되는 좌표로 천안함의 좌초와 이동경로 및 반파과정을 밝히고, 이러한 주장이 진실(True)임을 물리적 증거로 증명하였다.

천안함의 좌표분석에 따른 천안함의 좌초 및 이동경로는 〈그림 15〉 와 같다.

천안함은 밤 9시 15분경 대청도 서해에서 좌초한 후에 함미에 바 닷물이 들어차는 상황에서 함미에서 함수로 통하는 수밀문이 폐쇄되 었다. 이후 천안함은 백령도 근해로 북상을 하고, 멀리 북방한계선을 앞두고 백령도 근해에서 좌회전을 시도하다가 우측으로 넘어가며 정 지하였다. 동시에 바닷물이 들어찬 함미가 가라앉고, 함수가 공중으 로 솟았다. 그리고 공중으로 솟은 함수와 수면 아래 함미의 무게중심

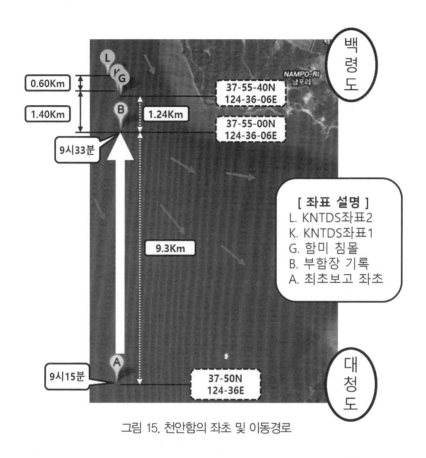

백령도

NAMPO-RI
남포리

0.60Km

1.40Km

37-55-40N
124-36-06E

1.24Km

B

37-55-00N
124-36-06E

9시33분

[좌표 설명]
L. KNTDS좌표2
K. KNTDS좌표1
G. 함미 침몰
B. 부함장 기록
A. 최초보고 좌초

9.3Km

A

9시15분

37-50N
124-36E

대청도

그림 15. 천안함의 좌초 및 이동경로

부분에 절단스트레스가 빠르게 누적되었다. 결국 천안함은 백령도 근해에서 밤 9시 45분경에 공중으로 솟은 함수가 부러지면서 반파되었다. 이를 시간별로 정리하면 다음과 같다.

- 3월 26일 밤 9시 15분경. 천안함이 대청도 서해(37-50N, 124-36E) 인근에서 좌초.

- 3월 26일 밤 9시 33분경. 천안함이 백령도 남서해(37-55-00N, 124-36-06E)를 지나면서 북방한계선을 앞두고 좌회전을 시도.

- 3월 26일 밤 9시 37분경에 좌회전 중인 천안함이 백령도 서해(37-55-45N, 124-36-01E)를 통과.

- 3월 26일 밤 9시 40분경. 좌회전 중인 천안함이 백령도 서해 (37-56-01N, 124-35-47E)에서 우측으로 넘어가면서 정지함. 동시에 바닷물이 들어찬 함미가 가라앉으면서 함수가 솟아오름. 이때 함장이 가라앉은 천안함 함미를 끌어올리기 위하여 스크루 프로펠러를 강력하게 회전시키고, 이러한 과정에서 해저면(뻘)과 접촉한 우현 프로펠러들이 차례로 안쪽으로 휘어짐. 이후 스크루 프로펠러가 제 기능을 발휘하지 못하면서 천안함이 동남쪽(함미 침몰위치 부근)으로 표류함.

- 3월 26일 밤 9시 45분~46분경. 백령도 서해의 함미침몰위치(37-55-40N, 124-36-06E) 부근에서 밤 9시 45분~46분경에 반파함. 천안함의 솟아오른 함수와 수면 아래 함미의 무게중심부분에 가해지는 강력한 절단스트레스로 무게중심부분이 절단됨.

이러한 좌표분석에 따른 천안함의 좌초와 이동 및 반파에서 중요한 판단사항은 다음과 같다.

① 천안함이 밤 9시 15분경에 좌초한 후 밤 9시 45분경 반파까지 약 30

분 동안 수밀문이 폐쇄되었다.

천안함의 좌초 후에 함미에 바닷물이 들어차는 상황에서 수밀문이 폐쇄되었다. 이후 천안함의 반파까지 수밀문 폐쇄가 지속되었다. 따라서 좌초에서 반파까지 약 30분 동안 함미에만 바닷물이 계속해서 들어찼다.

② 대청도 서해에서 북상하던 천안함이 좌회전을 하다가 우현으로 넘어가면서 정지하였다.

함미에 바닷물이 들어차서 천안함이 좌회전 중에 회전관성을 이기지 못하고 우현으로 넘어갔다. 그리고 천안함은 정지와 함께 함미가 곧바로 가라앉았다. 천안함의 정지와 함께 바닷물이 들어찬 함미를 들어 올렸던 천안함의 추진력(앞으로 나아가는 힘)이 사라졌기 때문이다.

③ 천안함 스크루 프로펠러는 함미가 가라앉을 때에 스크루 프로펠러를 작동시키면서 손상되었다.

천안함의 함미가 가라앉을 때에 함장이 할 수 있는 일은 스크루 프로펠러를 최대로 작동하여 함미를 들어 올리는 것이다. 그러나 바닷물이 들어차서 가라앉은 함미를 들어 올리는 것은 불가능하였다. 이러한 과정에서 해저면(뻘)과 접촉한 우현 스크루 프로펠러의 날개들이 차례로 안쪽으로 휘어들어갔다.

④ 천안함은 공중으로 솟은 함수와 수면 아래 함미의 무게중심부분에 가해지는 절단스트레스로 반파되었다.

사고당시 파도의 운동과, 함미에 가득한 바닷물의 운동이 교차하면서 천안함의 무게중심부분(=절단위치)에 강력한 절단스트레스가 가해졌다. 천안함이 우현으로 기울어진 상태였기 때문에 우현하단에 수축압력이 작용하고, 좌현상단에 팽창압력이 작용하였다. 결국 공중으로 솟은 함수와 수면 아래 함미의 무게중심부분에 가해지는 절단스트레스의 누적으로 공중으로 솟은 함수가 부러졌다.

⑤ 함미의 장병들은 천안함의 반파 전에 함미에 들어찬 바닷물에 익사하였다.

천안함의 반파 전에 바닷물이 들어찬 함미가 완전히 가라앉은 상태였다. 천안함의 약 60% 정도가 수면 아래 가라앉은 것으로 판단한다. 따라서 함미의 장병들은 반파 전에 익사한 것으로 추정된다.

(2) 천안함은 어떻게 반파되었는가?

천안함은 어떻게 절단되었는가? 천안함의 반파 전에 어떤 모습이었는가? 천안함의 반파과정은 5단계로 설명할 수 있는데, 그 중에서 가장 중요한 단계는 천안함의 반파직전 모습을 보여주는 1단계이다.

【 1단계 】함미가 완전히 가라앉다.

천안함의 반파과정 1단계는 우현으로 기울어진 천안함의 함미가 가라앉고, 함수가 공중으로 솟은 모습이다. 우현으로 기울어진 천안함의 함미가 중력과 부력의 합에 의해서 고정되고, 함수에는 중력만 작용한다. 따라서 천안함의 우현하단에 수축압력이 작용하고, 좌현상단에 팽창압력이 작용한다. 여기서 가장 큰 문제는 약 60% 정도가 수면 아래 가라앉은 천안함이 매우 불안정한 상태로 흔들린다는 사실에 있다.

정상적으로 항해중인 천안함에 아무리 큰 파도가 쳐도 천안함은 반파되지 않을 것이다. 사고당일 파고는 2.5m~3m 정도로 전해진다. 이 정도 파도로 천안함이 반파될 가능성은 0%이다. 그러나 천안함의

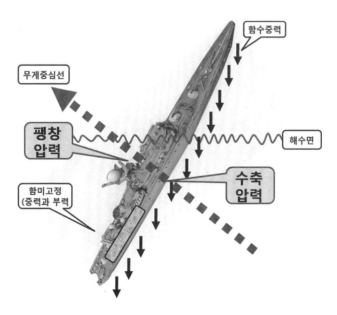

그림 16. 천안함의 반파 직전의 모습

반파 전 상황은 매우 특수하다.

천안함에 가해지는 충격은 사고당시 파도의 운동과, 함미에 들어찬 바닷물의 운동에 영향을 받는다. 여기서 파도의 운동과 함미에 가득한 바닷물의 운동이 교차하면서 천안함이 매우 불안정하게 흔들린다. 그 과정에서 천안함의 함수가 하강하는 중에 갑자기 천안함의 함수를 상승시키는 힘이 작용할 수 있다. 이러한 경우에 절단스트레스가 최대가 된다. 이러한 힘에 의해서 단 몇 분 안에 천안함이 절단될 수 있다.

【 2단계 】 함수가 부러지다

공중으로 솟은 함수가 부러지면서 천안함이 순간적으로 역∨자(∧) 모양이 된다. 이 단계에서 천안함의 무게중심부분(절단부분)에 생존해 있던 일부 장병들이 사망했을 것으로 판단한다. 천안함의 좌초 후 이동을 고려할 때 적어도 천안함이 정지할 때까지 엔진부분(무게중심부분)에 장병들이 생존한 것으로 판단한다.

【 3단계~5단계 】 함수와 함미가 분리되다.

함수가 바닷물과 충돌하면서 천안함의 중심부분이 충격을 받는다. 이때 천안함은 순간적으로 ∨자 모양이 된다. 그리고 천안함은 순간적으로 수평이 되고, 곧바로 바닷물이 가득한 함미가 가라앉는다. 이후 함수와 함미와 완전히 분리되고, 수면 아래 있었던 함미는 해저면(뻘)에 가라앉는다. 그리고 바닷물이 들어차지 않은 함수는 조류를 따라 표류한다.

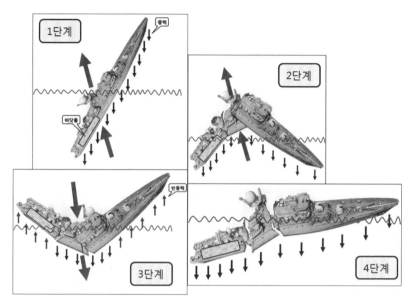

그림 17. 천안함의 반파과정 5단계

　천안함의 반파과정에서 함수의 장병들은 별다른 상처를 입지 않았
다. 왜냐하면 천안함의 반파를 알리는 전조증상(前兆症狀)에 따라
장병들이 자신의 몸을 천안함에 지탱하였기 때문이다. 천안함의 우
현하단에 강력한 수축압력이 작용하고, 좌현상단에 강력한 팽창압
력이 작용하였다. 따라서 천안함은 반파되기 전에 반드시 '전조증상
(예. 찌그러지는 소리, 끊어지는 소리)'을 보인다. 이러한 전조증상에
따라 함수의 장병들은 반파에 대비해서 자신의 몸을 천안함에 지탱
할 수 있다.

2. 모든 물리적 증거는 하나의 원인을 가리킨다

나의 수밀문 폐쇄 주장이 진실(True)인가, 거짓(False)인가? 나의 수밀
문 폐쇄 주장이 진실(True)이라면, 수밀문 폐쇄와 10가지 물리적 증거들
사이에 모두 인과관계가 성립할 것이다. 나의 수밀문 폐쇄 주장이 진실
이라면, 수밀문 폐쇄와 모든 반파결과들 사이에 인과관계가 성립할 것이
다. 그러나 수밀문 폐쇄 주장이 거짓(False)이라면, 수밀문 폐쇄와 10가
지 물리적 증거들 사이에 인과관계가 성립하지 않을 것이다. 수밀문 폐
쇄와 단 1개의 물리적 증거라도 인과관계가 성립하지 않을 경우에 나의
주장은 100% 거짓이다. 단 1%도 진실일 가능성이 없다.

(1) 수밀문 폐쇄와 10가지 물리적 증거의 인과관계 검증

내가 주장하는 수밀문 폐쇄와 천안함 사건의 10가지 물리적 증거의
인과관계를 차례로 검증해보자.

천안함 사건의 물리적 증거와 수밀문 폐쇄 주장 사이에 인과관계가
성립하는 경우에 '일치(O)'로 표기하고, 인과관계가 성립하지 않는 경
우에 '불일치(X)'로 표기한다.

• **증거1.** 천안함의 좌현보다 우현의 손상이 훨씬 크다.

우현으로 넘어가고 함미가 가라앉은 천안함이 반파될 경우에 좌현

하단보다 우현하단의 손상이 클 수 있는가? 그렇다. 당연히 좌현하단보다 우현하단의 손상이 훨씬 크게 발생한다. 우현으로 넘어가고 함미가 가라앉은 천안함의 무게중심부분에 절단스트레스가 작용하는데, 우현하단에 강력한 수축압력이 작용한다. 따라서 천안함은 우현하단이 완전히 찌그러지면서 반파하였다. 그 결과 좌현하단보다 우현하단의 손실이 훨씬 크게 발생하였다.

【 증거1 검증결과: 일치 O 】

한국민의 수밀문 폐쇄 주장과 천안함의 손상위치(우현하단의 손상) 사이에 인과관계가 성립한다.

• **증거2.** 천안함은 중간보다 조금 뒤쪽이 절단되었다.

천안함은 반파직전에 함미가 가라앉고, 우현으로 넘어간 상태였다. 공중으로 솟은 함수와 수면 아래 함미의 무게중심부분에 절단스트레스가 작용하는데, 함미에 바닷물이 들어차있기 때문에 무게중심부분이 중간보다 조금 뒤쪽이다. 이러한 이유에서 천안함은 중간보다 조금 뒤쪽, 즉 무게중심부분이 절단된 것이다.

나는 공중으로 솟은 함수와 수면 아래 함미의 무게중심부분이 절단되었다고 주장한다. 천안함의 약 60%정도가 가라앉은 상태에서 공중으로 솟은 함수와 수면 아래 함미의 무게 중심부분을 과학자들이 수학적으로 검증할 수 있을 것이다. 과학자들은 천안함의 무게중심부분과 절단위치가 일치하는 지를 충분히 검증할 수 있을 것이다.

【 증거2 검증결과: 일치 O 】

한국민의 수밀문 폐쇄 주장과 천안함의 반파위치(중간보다 조금 뒤쪽) 사이에 필연적 인과관계가 성립한다. 천안함의 반파위치는 공중으로 솟은 함수와 수면 아래 함미의 무게중심부분이다.

• **증거3.** 천안함의 우현하단이 수축하고, 좌현상단이 팽창하였다.

천안함은 반파직전에 우현으로 넘어가고 함미가 가라앉은 상태였다. 따라서 천안함은 무게중심부분을 기준으로 우현하단에 수축압력이 작용하고, 좌현상단에 팽창압력이 작용한다. 이러한 절단스트레스로 천안함이 반파되었기 때문에 우현하단이 크게 수축하고, 좌현상단이 크게 팽창한 것이다.

【 증거3 검증결과: 일치 O 】

한국민의 수밀문 폐쇄 주장과 천안함의 변형모습(좌현상단의 팽창과 우현하단의 수축) 사이에 인과관계가 성립한다.

- **증거4.** 스크루 프로펠러가 전진모드에서 우현 프로펠러들이 안쪽으로 휘어졌다.

좌회전중인 천안함이 우현으로 넘어가면서 정지하고, 곧바로 함미가 가라앉았다. 천안함의 추진력(앞으로 나아가는 힘)이 사라지자 바닷물이 들어찬 함미가 곧바로 가라앉은 것이다. 이때 함장이 할 수 있는 일이 무엇인가? 스크루 프로펠러를 최대로 작동시켜서 함미를 들어 올리는 일이다. 그러나 바닷물이 들어찬 함미를 스크루 프로펠러의 작동으로 들어 올리는 것은 불가능하였다. 이때 함미의 우현 프로펠러의 날개들이 해저면(뻘)과 접촉하면서 차례로 안쪽으로 휘어졌다. 이러한 이유에서 우현 스크루 프로펠러들이 전진모드 상태에서 프로펠러의 날개들이 모두 안쪽으로 부드럽게 휘어졌다.

【 증거4 검증결과: 일치 O 】

한국민의 수밀문 폐쇄 주장과 스크루 프로펠러의 손상 사이에 인과관계가 성립한다.

- **증거5.** 반파된 함수가 우현으로 넘어갔다.

천안함은 반파 전에 이미 함미가 가라앉고 우현으로 넘어간 상태였다. 이러한 상태에서 천안함의 우현하단에 작용하는 수축압력과, 좌현상단에 작용하는 팽창압력으로 반파되었다. 따라서 반파된 함수는 당연히 우현으로 기울어진 상태가 된다. 이러한 이유에서 천안함 TOD 동영상에서 함수가 우현으로 기울어진 모습을 보이는 것이다.

【 증거5 검증결과: 일치 O 】

한국민의 수밀문 폐쇄 주장과 함수가 우현으로 넘어간 사실 사이에 인과관계가 성립한다.

- **증거6.** 반파된 함미와 파편들이 함께 있다.
- **증거7.** 반파 후 함수가 오랫동안 표류하고, 함미가 곧바로 가라앉았다.

천안함이 수밀문 폐쇄로 반파할 경우에 함미와 파편들이 같은 자리에 있는 것은 당연하다. 반파 전에 함미에 바닷물이 가득했기 때문에 천안함의 반파와 동시에 함미가 가라앉았다. 또한 천안함 반파와 동시에 부력이 없는 파편들이 가라앉았다. 이러한 이유로 함미가 천안함의 반파로 발생한 파편들과 함께 있는 것이다. 따라서 수밀문 폐쇄 주장에서 천안함의 반파 후 함미가 "1초" 만에 바다 속으로 사라지는 것은 당연하다.

천안함의 수밀문이 밤 9시 15분경에 좌초한 후 폐쇄되고, 이후 밤

9시 45분경 반파까지 약 30여분 동안 함미에만 바닷물이 들어찼다. 천안함의 좌표분석은 천안함의 반파 전에 함미에 30여분 동안 바닷물이 들어찼다는 사실을 보여준다. 그리고 천안함은 반파직전에 60% 정도가 수면 아래 잠긴 것으로 판단한다. 천안함의 반파 전에 함미에 바닷물이 가득했기 때문에 천안함의 반파와 동시에 단 "1초" 만에 함미가 바다 속으로 사라졌다.

또한 함미에서 함수로 통하는 수밀문이 폐쇄되었기 때문에 함미의 바닷물이 함수로 이동이 불가능하였다. 이러한 이유로 함수는 부력을 완전히 유지하고, 함미에는 부력이 전혀 없었다. 부력을 완전히 유지한 함수는 오랫동안 조류를 따라 표류하였으며, 부력이 전혀 없는 함미는 반파와 동시에 바다 속으로 사라졌다.

【 증거6, 7 검증결과: 일치 O 】

한국민의 수밀문 폐쇄 주장과 함미 및 파편들의 위치 사이에 인과관계가 성립한다. 그리고 수밀문 폐쇄 주장과 함미가 곧바로 가라앉은 사실 사이에 인과관계가 성립한다. 수밀문 폐쇄 주장은 '함수가 완전히 부력을 유지하고, 동시에 함미가 부력을 전혀 유지하지 못한 사실'과 필연적 인과관계가 성립한다.

- **증거8.** 함수의 장병들은 큰 상처 없이 바닷물에 젖지 않고 생존
  하였다.

천안함이 수밀문 폐쇄로 반파될 경우에 함수의 장병들은 별 다른 상처 없이 생존이 가능한가? 가능하다. 100% 가능하다.

천안함은 공중으로 솟은 함수와 수면 아래 함미의 무게중심부분에 작용하는 절단스트레스로 반파되었다. 따라서 공중으로 솟은 함수가 부러질 때에 함수의 장병들이 별다른 상처 없이 살 수 있었다. 특히 천안함이 반파되기 전에 전조증상(예. 찌그러지는 소리, 끊어지는 소리)이 있었다. 따라서 천안함이 반파하기 전에 함수의 장병들은 함수가 떨어질 것에 대비해서 자신의 몸을 천안함에 지탱할 수 있다. 그리고 공중으로 솟은 함수가 부러지면서 바닷물에 떨어질 때에 함수의 장병들은 마치 롤러코스터를 타는 경험을 하였다. 물론 함수가 바닷물에 떨어질 때에 장병들은 죽음에 대한 공포를 경험했을 것이다. 그러나 천안함의 반파과정에서 함수의 장병들이 크게 부상을 당하거나 사망할 정도의 큰 충격이 없었다.

그리고 함미에서 함수로 통하는 수밀문이 폐쇄되었기 때문에 함미의 바닷물이 함수로 들어올 수 없었다. 이러한 이유로 함수의 장병들은 대부분 바닷물에 젖지 않은 모습으로 구조되었다.

한국민의 수밀문 폐쇄 주장과 생존자 모습 사이에 인과관계가 성립한다.

• **증거9.** 함미의 장병들은 대부분 큰 상처 없이 익사하였다.

천안함이 수밀문 폐쇄로 반파될 경우에 함미의 장병들이 별다른 상처 없이 익사하는 것이 가능한가? 가능하다. 100% 가능하다.

먼저 함미의 장병들은 천안함의 반파과정에서 발생한 충격에 의해서 사망한 것이 아니다. 좌표분석과 물리적 증거들은 함미의 장병들이 반파 전에 익사하였다는 사실을 보여준다. 천안함의 반파 전에 함미에 바닷물이 가득했기 때문이다. 천안함이 반파하기 전에 함미의 장병들은 함미에 가득한 바닷물에 익사한 것으로 판단된다. 그리고 천안함이 반파할 때 발생한 충격은 바닷물의 완충작용으로 시신들에 영향을 미치지 못했다. 이러한 이유로 함미의 장병들은 대부분 큰 상처 없이 익사한 모습을 보인 것으로 판단한다.

한국민의 수밀문 폐쇄 주장과 사망자 모습 사이에 인과관계가 성립한다.

• **증거10.** 천안함의 함미가 좌초하였다.

천안함의 좌표분석에 따르면 천안함은 밤 9시 15분경에 대청도 서해에서 좌초하였다. 천안함의 좌초 후 반파까지 약 30여분 동안의 수밀문 폐쇄가 천안함의 반파 및 장병들 사망의 직접적 원인이다.

천안함 함미의 좌초는 다른 물리적 증거들에 의해서도 지지된다. 함미가 좌초하였기 때문에 함미에 바닷물이 들어차고, 함미의 바닷물이 함수로 이동하는 것을 막기 위하여 수밀문이 폐쇄되었다. 그리고 수밀문의 폐쇄로 함미에만 바닷물이 들어차고, 함미가 가라앉으면서 함미에 가득한 바닷물에 장병들이 익사한 것으로 판단된다. 그리고 공중으로 솟은 함수와 수면 아래 함미의 무게중심부분에 작용하는 절단스트레스로 천안함이 반파하였다.

【 증거10 검증결과: 일치 O 】

한국민의 수밀문 폐쇄 주장과 함미의 좌초흔적 사이에 인과관계가 성립한다.

---

(2) 종합 및 결론

지금까지 수밀문 폐쇄 주장과 10가지 물리적 증거 사이의 인과관계를 검증한 결과는 〈표5〉와 같다.

표5. 수밀문 폐쇄와 10가지 물리적 증거의 인과관계

	조작이 불가능한 10가지 물리적 증거	검증
1	천안함의 좌현보다 우현의 손상이 훨씬 크다.	O
2	천안함은 중간보다 조금 뒤쪽이 절단되었다.	O
3	천안함의 우현하단이 수축하고, 좌현상단이 팽창하였다.	O
4	스크루 프로펠러가 전진모드에서 우현 프로펠러들이 안쪽으로 휘어졌다.	O
5	반파된 함수가 우현으로 넘어갔다.	O
6	반파된 함미와 파편들이 함께 있다.	O
7	반파 후 함수가 오랫동안 표류하고, 함미가 곧바로 가라앉았다.	O
8	함수의 장병들은 큰 상처 없이 바닷물에 젖지 않고 생존하였다.	O
9	함미의 장병들은 대부분 큰 상처 없이 익사하였다.	O
10	천안함의 함미가 좌초하였다.	O

천안함 사건의 10가지 물리적 증거와 수밀문 폐쇄 주장 사이에 100% 인과관계가 성립한다. 좌초 후 수밀문 폐쇄(반파원인)와 10가지 물리적 증거 사이에 필연적 인과관계가 모두 성립한다. 한두 가지가 아니라 모든 물리적 증거들과 인과관계가 성립한다는 사실에 주목하라. 조작이 불가능한 천안함의 반파모습과 모두 필연적 인과관계가 성립한다. 수밀문 폐쇄와 인과관계가 성립하지 않는 어떠한 물리적 증거도 없다. 이러한 인과관계 검증결과는 천안함의 반파원인으로 '좌

초 후 수밀문 폐쇄'가 진실(True)이라는 명백한 증거이다.

조작이 불가능한 10가지 물리적 증거들 사이의 인과관계 검증

좌초 후 수밀문 폐쇄 주장에서 조작이 불가능한 10가지 물리적 증거들 사이에 모두 인과관계가 성립한다. 조작이 불가능한 10가지 물리적 증거들 사이에 어떠한 모순도 없다. 그 이유는 천안함의 모든 반파결과들은 진실이 되는 반파원인, 즉 '좌초 후 수밀문 폐쇄'에서 발생하였기 때문이다.

과연 10가지 물리적 증거들 사이에 모두 인과관계가 성립하는가? 천안함 사건의 10가지 물리적 증거들 사이에 어떠한 모순도 없는가? 조작이 불가능한 10가지 물리적 증거들을 시간 순으로 배열하고, 각 증거들 사이의 인과관계를 살펴보자.

① 천안함의 함미가 좌초하였다.

천안함의 함미가 대청도 서해에서 좌초하고, 함미에 파공이 발생하였다. 그리고 함미의 파공으로 스며드는 바닷물이 함수로 이동하지 못하도록 수밀문이 폐쇄되었다. 이후 바닷물이 들어차는 함미가 가라앉지 않도록 천안함이 백령도 근해로 빠르게 피항을 하였다. 멀리 북방한계선(NLL)을 앞두고 좌회전을 하다가 우현으로 넘어가면서 정지하고, 동시에 추진력(천안함이 앞으로 나아가는 힘)을 잃은 함미가 가라앉았다.

② 스크루 프로펠러가 전진모드에서 우현 프로펠러들이 안쪽으로 휘어 졌다.

우현으로 넘어가면서 정지한 천안함의 함미가 곧바로 가라앉았 다. 이때 함장은 천안함의 함미를 들어올리기 위하여 스크루 프 로펠러를 최대로 작동시켰다. 이러한 과정에서 우현 스크루 프 로펠러가 해저지면(뻘)과 접촉하면서 날개들이 차례로 안쪽으로 부드럽게 휘어졌다.

③ 함미의 장병들은 대부분 큰 상처 없이 익사하였다.

천안함의 좌초 후에 수밀문이 폐쇄되었기 때문에 함미에만 바닷 물이 계속해서 들어찼다. 그리고 천안함의 반파 전에 함미에 바 닷물이 가득했고, 함미의 바닷물에 장병들이 익사하였다. 이러 한 이유로 함미의 장병들은 큰 상처 없이 익사하였다.

④ 천안함은 중간보다 조금 뒤쪽이 절단되었다.

⑤ 천안함의 우현하단이 수축하고, 좌현상단이 팽창하였다.

⑥ 천안함의 좌현보다 우현의 손상이 훨씬 크다.

천안함은 공중으로 솟은 함수와 수면 아래 함미의 무게중심부 분에 작용한 절단스트레스로 반파되었다. 여기서 천안함의 무게 중심부분은 함미에 바닷물이 들어찼기 때문에 함수와 함미의 중간보다 뒤쪽이다. 따라서 천안함의 절단위치는 중간보다 조금 뒤쪽이다.

천안함이 우현으로 기울어진 상태였기 때문에 절단스트레스는 우현하단에 작용하는 수축압력과, 좌현상단에 작용하는 팽창압력이다. 우현하단에 작용하는 수축압력과, 좌현상단에 작용하는 팽창압력으로 천안함이 절단되었다. 동시에 우현하단이 찌그러지면서 크게 손실되었다. 그리고 반파된 천안함은 우현하단이 크게 수축하고, 동시에 좌현상단이 크게 팽창한 모습을 보였다.

⑦ 반파된 함수가 우현으로 넘어갔다.

천안함이 우현으로 기울어진 상태에서 반파되었기 때문에 반파된 함수는 우현으로 기울어진 모습이 되었다.

⑧ 반파된 함미와 파편들이 함께 있다.

⑨ 반파 후 함수가 오랫동안 표류하고, 함미가 곧바로 가라앉았다.

⑩ 함수의 장병들은 큰 상처 없이 바닷물에 젖지 않고 생존하였다.

천안함의 좌초 후에 수밀문이 폐쇄되었기 때문에 함미에만 바닷물이 계속해서 들어찼다. 따라서 천안함의 반파와 동시에 바닷물이 들어찬 함미는 곧바로 가라앉았다. 이러한 이유로 천안함의 반파과정에서 발생한 파편들과 함미가 같은 위치에 있다.

그리고 수밀문 폐쇄로 함미의 바닷물이 함수로 이동할 수 없었다. 따라서 천안함의 반파 후 함미가 곧바로 가라앉고, 함수는 오랫동안 부력을 유지하면서 표류하였다. 그리고 함수의 장병들은 바닷물에 젖지 않고 생존하였다.

위와 같이 조작이 불가능한 10가지 물리적 증거들은 서로 인과 관계가 성립한다. 구체적으로 천안함의 좌초와 수밀문 폐쇄, 스 크루 프로펠러의 손상, 함미의 장병들의 익사, 천안함의 특이한 반파모습, 함수가 우현으로 넘어간 사실, 반파와 동시에 함미가 가라앉고 함수가 오랫동안 표류한 사실, 그리고 함수의 장병들 의 생존모습은 인과관계가 성립한다. 따라서 조작이 불가능한 10가지 물리적 증거들 사이에 어떠한 모순도 없다.

인과관계 검증으로 '좌초 후 수밀문 폐쇄로 함미의 장병들이 사망하고, 천안함이 반파된 사실'을 완전히 증명하였다. 어느 누구도 조작할 수 없는 반파결과들과 수밀문 폐쇄 주장은 100% 인과관계가 성립한다. 또한 조작이 불가능한 물리적 증거들 사이에 모두 인과관계가 성립하며, 각 물리적 증거들 사이에 어떠한 모순도 없다.
따라서 천안함 반파와 장병들 사망의 유일한 원인은 수밀문 폐쇄이다. 이러한 주장은 100% 진실(True)이요, 사실(Fact)이다. 수밀문 폐쇄는 천안함의 반파모습과 절단위치, 스크루 프로펠러의 손상, 생존 장병들과 사망 장병들의 모습, 그리고 천안함 함미의 좌초를 모두 설명할 수 있는 유일한 반파원인이다. 수밀문 폐쇄가 천안함의 모든 반파결과들을 설명할 수 있는 유일한 반파원인이다.

| 지금까지 천안함 범죄가 드러나지 않은 이유 |

2010년 3월 26일. 천안함의 46장병들이 원통하게 사망한 지 9년째. 지금도 천안함의 반파원인을 둘러싼 의문과 논쟁은 계속되고 있다. 천안함의 반파모습이라는 거대한 반파증거가 있음에도 불구하고, 수많은 생존자가 있음에도 불구하고, 수많은 물리적 증거들이 있음에도 불구하고…… 지금까지 반파원인에 대한 의문과 논쟁은 계속되고 있다.

천안함 사고에 대한 국방부의 조작이 시작될 때에 신문방송과 인터넷에서 제기한 의문과 논쟁으로 국방부의 범죄행위는 쉽게 드러날 것 같았다. 그러나 지금까지 국방부의 어뢰공격 주장은 국민들이 가장 지지하는 천안함의 반파원인이다.

국방부의 합동조사단의 조사결과가 공식적으로 발표된 2010년 5월 20일과 21일에 실시된 여론조사에 '합동조사단의 발표대로 북한 소행이 분명하다'는 응답이 72%를 보였다(동아일보, 2010.5.22). 그리고 천안함 사건 1주년을 맞아 실시한 여론조사에서 '천안함 사건이 북한의 도발에 의해 발생했다'는 응답이 무려 80%에 달했다(연합뉴스, 2011.3.23).

국방부의 어뢰공격 주장은 이명박 박근혜 정부뿐만 아니라 문재인 정부에서도 정부의 공식입장이다. 이것은 문재인 정부가 이명박 박근혜 정부의 천안함 범죄를 계승한 것으로 볼 수 있다. 문재인 정부에서도 천안함 사건의 조작과 거짓말은 계속되고, 또한 천안함 재판부에 조작된 증거를 제출하는 행위도 계속되고 있다.

그러면 지금까지 천안함 범죄가 드러나지 않은 이유는 무엇일까? 천안함 범죄가 아직까지 드러나지 않은 이유를 크게 3가지로 볼 수 있다.

| 국방부의 심리전(心理戰) |

첫째는 국방부의 심리전이다. 심리전은 전쟁 상황에서 적군에게 사용하는 전투행위이다. 어떠한 사실이나 정보를 조작하고, 조작된 사실이나 정보를 적군에게 선전하고, 적군이 조작된 사실이나 정보를 믿게 하는 것이다.

국방부의 심리전은 기본적으로 주요 신문과 방송을 통해서 공개적으로 이루어졌다. 신문방송을 통해서 천안함 사건의 조작된 증거를 국민들에게 선전하고, 국민들이 북한의 어뢰공격을 믿도록 하였다. 또한 국방부는 사이버사령부를 통해서 비밀리에 천안함 사건에 대한 대국민 심리전을 전개하였다. 천안함 사건의 발생 초기부터 군 사이버사령부에서 천안함 사건에 대한 댓글 및 블로그를 조작하였다(폴리뉴스, 2017.11.2; 한겨레신문, 2017.9.27). 이것은 국방부가 자국의 국민들을 상대로 자행한 심리전으로 민주주의 국가에서 결코 있을 수 없는 범죄행위이다.

이러한 심리전으로 천안함 사건에 대한 수많은 의문과 논쟁이 난무하면서 국민들은 혼란에 빠졌다. 그리고 국방부의 주장에 반대하는 사람들 역시 많은 의문과 논쟁 속에서 정확한 반파원인을 제시하지 못하고 있다.

| 생존 장병들에 대한 국민감정 |

2010년 10월 26일 밤과 27일. 천안함 침몰에 대한 방송 속보를 수많은 국민들이 시청하였다. 천안함의 침몰로 많은 장병들의 사망을 직감한 수많은 국민들이 생존 장병들의 구조장면, 고개를 숙인 생존 장병들이 모습을 보았다. 그 속에서 대다수 국민들은 생존 장병들을 내 자식이나 내 형제와 같은 가족으로 생각하며 안타까워했다.

국민들의 가슴에 함장과 생존 장병들은 나의 가족이요, 사랑하는 전우들을 잃어버린 완전한 희생자로 각인되었다. 이러한 국민감정 속에서 함장이나 생존 장병들이 거짓말을 한다는 것은 상상할 수 없었다. 함장이나 생존 장병들이 천안함 장병들의 사망에 어떠한 책임이 있을 것이라 상상조차 할 수 없었다. 이러한 분위기에서 국민들은 아무도 함장이나 생존 장병들에게 어떠한 증언도 어떠한 책임도 요구하지 않았다. 이러한 국민감정의 영향으로 많은 국민들은 천안함 사건에 대하여 합리적 접근을 할 수 없었다.

그리고 천안함 장병들에 대한 국민감정을 등에 업은 국방부는 보다 과감하게 천안함 사건에 대한 증거들을 조작하고, 천안함 사건에 의문을 제기하는 사람들에게 법적 탄압을 가할 수 있었다.

| 인과관계 검증의 부재(不在) |

국방부의 조작과 심리전에 맞설 수 있는 가장 강력한 수단은 물리적 증거에 기초한 합리적 검증이요, 그 핵심은 인과관계 검증이다. 그러나 국방부의 주장에 반대하는 사람들은 인과관계 검증에 실패하였다.

국방부의 주장에 반대하는 사람들은 지금까지도 국방부의 심리전을 벗어나지 못하고 있다. 그들은 신문방송이나 인터넷을 통해서 무려 9년째 국방부의 주장에 계속해서 의문을 제기하고 있다. 그들은 천안함 반파의 원인을 정확히 제시하지 못하고, 국방부의 주장에 의문만 제시하고 있다. 무려 9년째이다. 그들이 주장하는 반파원인 역시 다양한데, 대부분은 잠수함 충돌 혹은 단순좌초에 의한 반파를 주장한다. 이러한 반파원인은 100% 거짓(False)이다. 단 1%도 진실 가능성이 없다. 그 이유는 반파원인과 조작이 불가능한 10가지 물리적 증거 사이에 인과관계가 전혀 성립하지 않기 때문이다.

이제 끝내야 한다. 국방부의 주장에 반대하는 사람들에게 고(告)한다. 국방부의 주장에 대한 의문제기는 그만하자. 정확한 반파원인도 제시하지 못하면서 언제까지 의문만 제기할 것인가? 당신들은 국방부의 주장을 지지하는 사람들의 인터넷 주장을 본적이 있는가?

당신들이 국방부 주장의 모순을 밝혀낸 것처럼, 국방부의 주장을 지지하는 사람들 역시 당신들 주장의 모순을 정확히 밝혀냈다. 국방부의 주장을 지지하는 사람들은 인터넷 상에서 잠수함 충돌 주장이나 좌초주장을 논리적으로 부수어버렸다. 여기서 중요한 점은 정부와 국방부가 천안함 사건을 조작했다는 사실이 아니다. 문제는 정부와 국방부의 주장에 대응할 수 있는 논리가 부족하고, 천안함의 반파원인을 정확히 제시하지 못하고 있다는 점이다.

국방부의 주장을 지지하는 사람들은 그 반대자들에게 요구한다. 당신들이 주장하는 반파원인이 무엇인가? 의문만 제기하지 말고 정확한 반파원인을 말하라! 우물쭈물하지 말고 바로 말하라! 이제 당신이 대답할 차례이다.

제6장

천안함 범죄의 재구성

천안함의 좌초 후 수밀문 폐쇄 주장과, 조작이 불가능한 10가지 물리적 증거들 사이에 모두 인과관계가 성립하였다. 수밀문 폐쇄 주장에서 10가지 물리적 증거들 사이에 어떠한 모순도 없다. 이러한 결과는 천안함의 좌초 후 수밀문 폐쇄가 천안함 반파의 유일한 원인이요, 천안함 장병들의 유일한 사망원인이라는 사실을 보여준다. 인과관계 검증으로 좌초 후 수밀문 폐쇄가 46장병들의 사망 및 천안함 반파의 원인이라는 사실을 완전히 증명하였다.

그리고 조작이 불가능한 10가지 물리적 증거를 이용한 인과관계 검증으로 정부가 주장하는 '북한의 어뢰공격에 의한 반파'가 완전한 조작이요, 새빨간 거짓말이라는 사실을 증명하였다. 국방부는 천안함의 사건을 북한의 어뢰공격으로 조작하고, 조작된 사실을 언론을 통해서 국민들에게 선전하고, 국민들이 천안함이 북한의 어뢰공격으로 반파된 것으로 믿게 하였다. 이러한 국방부의 행위는 국민들을 대상으로 한 심리전(心理戰)이요, 범죄행위이다.

천안함의 좌초부터 반파까지 시간 순으로 주요 주장과 증거, 증거의 신뢰도, 그리고 범죄의 재구성을 살펴보자. 여기서 '범죄의 재구성'은 '천안함의 좌표분석과 물리적 증거, 그리고 위기상황에서 인간의 보편적 심리와 행동'을 기초로 풀어쓴 시나리오(scenario)이다.

1. 밤 9시 15분 좌초하다

2010년 3월 26일 밤 9시 15분에 천안함은 대청도 서해(37-50N, 124-36E)에서 좌초하였다.

(1) 증거

① 해경은 사고당일 밤 최초의 보도자료에서 천안함 사고의 발생시간을 밤 9시 15분이라고 밝혔다(경향신문, 2010.4.4). 해경은 천안함 사건의 초기에 보도자료 및 언론을 통해서 천안함이 밤 9시 15분에 대청도 서해(37-50N, 124-36E)에서 좌초했다는 사실을 전했다(MBC 뉴스데스크, 2010.4.3; 한겨레신문, 2010.4.3; 오마이뉴스, 2010.4.3).

② 해군 상황보고서에서 밤 9시 15분에 최초상황이 발생하였다는 사

실을 보여준다. 당시 2함대사가 해작사(해군작전사령부)에 최초상
황을 보고하였다(MBC 뉴스데스크, 2010.4.3).

③ 사고당일 밤 9시 16분경에 천안함 장병이 여자 친구와 문자를 하
다가 갑자기 문자가 끊겼다(연합뉴스, 2010.3.30; 한겨레신문,
2010.3.30).

④ 사고당일 밤 9시 16분경에 천안함 장병이 부친과 통화 중에 지금
은 비상이라며 전화를 끊었다(MBC 뉴스데스크, 2010.4.3).

⑤ 감사원 감사결과 군에서 9시 15분 상황을 9시 45분으로 바꾸었
다는 지적사항이 나왔다(미주중앙일보, 2010.6.11; 동아일보,
2010.6.12). 김황식 감사원장은 "해작사가 합참에 보고한 사건발
생시간은 21시 15분이지만 합참에서 간부들 사이에 논란이 돼 시
간을 21시 45분으로 정정했다" 등의 증언을 했다.

⑥ 2011년 9월 19일에 천안함 관련재판에서 천안함 사고 당시에 구
조 탐색작전을 지휘했던 해군 장성(심승섭 해군작전부 전 작전차
장, 현 준장)이 "최초보고에서 사고시간 및 최초상황이 '9시 15분
좌초'였다. 천안함 사고 직후 2함대사령부로부터 최초 상황을 보
고받고, 이를 상부(국방부, 합참)에 보고했다" 등의 증언을 했다(미
디어오늘, 2011.9.20).

(2) 증거의 신뢰도

천안함 사건의 초기에 해경이 보고한 밤 9시 15분 좌표의 신뢰도
가 높은 이유는 다음과 같다.

① 해경은 천안함의 좌초 및 반파에 아무런 책임이 없다. 따라서 해
   경은 천안함 사건을 숨기거나 조작할 이유가 전혀 없다. 해경은 단
   지 사고당일에 천안함에서 구조요청을 받고 구조활동을 했으며,
   언론을 통해서 국민들에게 구조상황을 보고해야 하는 입장이다.
   해경이 천안함 사고의 당일에 천안함의 좌초시간 및 좌표를 조작
   할 동기가 없다.

② 천안함 사건의 초기에 해경이 국방부(해군)의 통제를 벗어나 보도자
   료 및 언론을 통해서 천안함이 9시 15분 대청도 서해에서 좌초했다
   는 사실을 수차례 전했다. 해군 내지 국방부는 천안함 사건의 초기부
   터 9시 15분 좌표를 부정하였다. 이러한 상황에서 해경이 천안함 사
   건에 책임이 있는 국방부(해군)의 통제를 벗어나서 천안함의 9시 15
   분 사고시간 및 사고좌표를 전했다. 이것은 해경이 보고한 9시 15분
   사고시간 및 좌표의 신뢰도가 높다는 것을 의미한다.

③ 대청도 동쪽 연안에 있는 해군고속정 및 해경 501함이 대청도 남
   쪽을 돌아서 대청도 서해로 이동하고, 이후 북상하였다[그림 21].
   만약 천안함의 최초사고가 백령도 남서해에서 일어났다면 해군고

속정 및 해경 501함이 대청도 남쪽을 돌아서 대청도 서해로 이동할 이유가 전혀 없다. 천안함의 최초사고가 백령도 남서해에서 일어났다면 대청도 동해에 있던 해군고속정 및 해경 501함은 북서쪽의 사고위치로 곧바로 이동했을 것이다. 이러한 사실은 대청도 서해에서 최초사고가 발생하였다는 증거이다.

④ 해경은 천안함의 구조요청을 받고, 다수의 해경대원들이 현장으로 출동하였다. 다수의 해경대원이 함께 하였기 때문에 함장이나 부함장이 천안함 사건을 사실과 다르게 말하기가 어려울 것이다.

(3) 범죄의 재구성

천안함은 밤 9시 15분경에 대청도 서해(37-50N, 124-36E) 인근에서 좌초를 한다. 항해 중에 수중에 있는 암초를 뒤늦게 발견하고, 천안함은 암초를 피하기 위해서 방향을 틀었다. 천안함의 함수가 가까스로 암초를 피하였으나 함미가 암초를 쓸면서 지나갔다. 그 과정에서 함미의 선저에 파공(破孔, 바닷물이 들어차는 구멍)이 발생하면서 바닷물이 들어찼다.

천안함에 좌초라는 비상상황이 발생하고, 함장과 지휘관들은 천안함 장병들에게 방송으로 비상상황을 전달한다. 함장은 장병들이 각자의 위치에서 좌초상황을 파악하고, 침수에 대처하라는 지시를 내린다. 그리고 바닷물이 들어차는 함미에서 장병들이 제자리를 이탈하지 않도록 수밀문을 폐쇄한다. 그러나 해상에서 함미선저의 파공으로 바닷물이 들어차는 것을 막기는 사실상 불가능하였다. 계속해서 함미에 바닷물이 들어차면서 함장과 지휘관들이 당황하고, 함미의 좌초상황에 대한 정확한 판단과 대처능력을 발휘하지 못한다.

함장과 지휘관들은 함미선저의 좌초와 침수를 과도하게 위험한 것으로 보면서 정상적인 판단을 하지 못한다. 잠깐 동안에 함장과 지휘관들 사이에 함미의 위기상황에 대처하기 위한 여러 의견이 오간다. 특히 함수에서 함미로 통하는 수밀문을 개방한 후 장병들을 구조할 것인지에 대한 의견을 나눈다. 그러나 함장과 지휘관들은 수밀문 개방 및 장병들 구조에 대한 결정을 내리지 못한다.

함장은 일단 함미의 바닷물이 함수로 들어오는 것을 막기 위해서 부하들에게 중앙수밀문을 계속 폐쇄하도록 명령한다. 그러나 함장과 지휘관들은 그 누구도 바닷물이 들어차는 함미로 가서 장병들과 함께 바닷물과 싸우지 않았다. 그리고 천안함 함미가 가라앉는 것을 막고, 또한 좌초에 대처할 수 있는 시간을 벌기 위해서 백령도 서해 방향으로 빠르게 북상(北上)을 한다. 그러나 북상하는 중에 함미로 계속해서 바닷물이 들어차면서 함미가 조금씩 가라앉고, 천안함의 속도는 계속해서 느려졌다.

한편으로 좌초 후 함장과 지휘관들은 해군사령부나 상급지휘관들에게 상황을 보고하고, 구조를 요청한다. 함장은 상급지휘관들에게 좌초상황 및 수밀문의 폐쇄상황을 보고하고, 함미의 좌초 및 침수에 대한 대책을 논의한다. 그러나 사고당일은 금요일 밤이라 해군사령부와 연락되지 않는 상급지휘관들이 많았다. 그리고 함장의 연락을 받은 일부 상급지휘관들은 수밀문 개방 및 함미 장병들의 구조에 대한 최종판단을 함장에게 미룬다. 그리고 만약의 사태에 대비해서 함장은 해경에 구조요청을 한다. 그러는 동안에 함장과 지휘관들은 상황실 CCTV를 통해서 함미의 장병들이 불어나는 바닷물에 혼란에 빠진 모습을 본다.

함장과 상급지휘관들이 수밀문 개방에 대한 최종판단을 미루는 사이에 함미에는 바닷물이 점차로 차오른다. 함장과 지휘관들이 경험하는 혼란과 공포는 점차 증가하고, 수밀문을 개방할 경우에 함수의 장병들도 위험하다는 판단을 한다. 그러는 과정에서 수밀문을 개방해서 함미의 장병들을 구조할 수 있는 시간은 흘러간다.

천안함의 좌초 후 함미에 있던 장병들은 갑작스러운 비상상황에 혼란에 빠진다. 일부는 함장 및 지휘관의 지시대로 좌초에 의한 파공 및 침수를 막으려고 했으나 실패한다. 함미의 좌초라는 위기상황에서 효과적으로 바닷물을 막을 수 있는 수단이 없었다. 바닷물이 들어차는 상황에서 파공(바닷물이 들어차는 구멍)을 막는 것은 사실상 불가능하였다. 위기에 빠진 함미의 장병들은 함수로 통하는 수밀문을 통해서 탈출하려고 하였으나 이미 수밀문이 닫힌 상태였다. 함미에서 함수로 통하는 수밀문이 폐쇄된 사실을 알게 된 함미의 장병들은 극도의 공포와 혼란에 빠진다.

한편으로 대청도 서해에서 천안함이 좌초했다는 구조연락을 받은 해군고속정과, 해경 501함정이 대청도 동해안에서 출발한다. 그리고 대청도 남쪽을 돌아서 대청도 서해로 이동한다. 그러나 천안함은 대청도 서해에서 백령도 근해로 북상을 하였다. 천안함이 북상하면서 함장과 장병들은 해군 및 해경과 계속해서 연락을 한다.

2. 밤 9시 33분 백령도 서해로 향하다

2010년 3월 26일 밤 9시 33분에 천안함이 백령도 남서해(37-55-00N, 124-36-06E)를 지나다.

(1) 증거

2010년 4월 3일에 〈MBC 뉴스데스크〉는 해경 부함장이 자필로 기록한 수첩의 원본을 공개하였다. 수첩의 원본에는 천안함의 밤 9시 33분 위치좌표가 기록되었다. 천안함 구조활동을 위해서 출동 중이던 해경 부함장은 9시 34분에 자신의 수첩에 '밤 9시 33분의 천안함의 정확한 위치좌표'를 기록하였다. 그 수첩에는 9시 33분 천안함의 정확한 위치좌표로 37-55-00N, 124-36-06E가 적혀있다.

(2) 증거의 신뢰도

해경 부함장이 기록한 천안함의 9시 33분 좌표가 신뢰도가 높은 이유는 다음과 같다.

① 해경 부함장은 천안함 좌초 및 반파에 아무런 책임이 없는 사람으로서 천안함 사건을 조작하거나 거짓말을 할 이유가 없다. 한 마디로 해경 부함장은 천안함 사건을 조작할 동기가 없다.

② 해경 부함장이 수첩에 기록한 9시 34분은 연속되는 기록의 중간에 있어서 나중에 조작하기 어렵다.

③ 대청도 동쪽 연안에 있는 해군고속정 및 해경 501함이 대청도 남쪽으로 돌아서 대청도 서해로 이동하고, 이후에 북상해서 백령도 남서해로 이동하였다[그림 21]. 이것은 천안함이 대청도 서해에서 좌초한 후에 백령도 근해로 북상하였다는 사실을 보여준다. 이러한 천안함의 이동경로 상에 해경 부함장이 기록한 천안함의 위치좌표가 있다. 따라서 해경 부함장이 기록한 천안함의 위치좌표는 진실(True)이다.

④ 천안함이 좌초한 대청도 서해와 함미침몰위치의 중간에 해경 부함장이 기록한 위치좌표가 있다. 이것은 해경 부함장이 기록한 위치좌표가 천안함의 이동경로 상에 있다는 것을 의미한다.

⑤ 사고당일 밤 9시 15분 대청도 서해에서 해경 부함장이 기록한 천안함의 9시 33분 위치까지 약 9.3Km이다. 단순계산으로 천안함이 약 18분 동안 시속 30Km로 이동한 거리이다. 천안함이 좌초 후 비상상황에 대한 대처로 시간이 지체된 경우에 시속 30Km보다 빠르게 이동했을 것이다. 천안함의 좌초위치와 시간, 천안함의 이동경로와 속도를 고려할 때에 해경부함장이 기록한 천안함의 위치는 타당하다.

⑥ 해경 부함장이 기록한 위치좌표 및 시간은 지금까지 단 한번도 '국방부, 해군, 해경'에 의해서 부정되지 않는 좌표이다.

⑦ 해경 부함장의 기록은 자신의 수첩에 자필로서 기록한 것이다. 따라서 해경 부함장이 자신이 기록한 내용을 외부의 압력에 따라 부정하기 어려울 것이다.

(3) 범죄의 재구성

대청도 서해에서 좌초한 천안함이 백령도 방향으로 북상한다. 그리고 천안함은 9시 33분에 해경 부함장이 기록한 백령도 남서해를 통과한다. 천안함 함장은 해경 부함장이 기록한 위치좌표를 지나면서 좌회전을 시작한다. 계속해서 수직으로 북상할 경우에 백령도 두무진 해안에 좌초하기 때문이다. 또한 백령도 두무진을 피해서 계속 북상할 경우에 NLL(북방한계선)을 넘게 된다. 이러한 판단에 따라 천안함 함장은 해경 부함장이 기록한 위치좌표를 지나면서 천안함의 좌회전을 시도한다.

해군과 해경에 구조요청을 한 함장은 계속해서 수밀문 개방 및 함미 장병들의 구조에 대한 결단을 내리지 못한다. 함장과 연락한 상급 지휘관 역시 함미 장병들의 구조를 위한 수밀문 개방을 망설인다. 함장과 지휘관들은 함미 장병들의 구조에 대한 판단을 하지 못하고, 함미의 장병들을 구조할 수 있는 골든타임이 지나간다.

천안함의 함미에 갇힌 사람들은 계속해서 유입되는 바닷물에 극도의 공포상태가 된다. 함미에 갇힌 사람들은 탈출로가 되는 수밀문을 열고자 하였으나 수밀문은 열리지 않았다. 함미의 장병들은 함수에 수밀문 개방을 계속해서 요청하였으나 수밀문은 끝내 열리지 않았다.

천안함의 구조요청을 받고 출동한 해군고속정과 해경 501함은 대청도 남해를 돌아서 서해로 이동하고, 이후 북상하는 천안함을 따라 백령도 근해로 북상한다.

그리고 천안함의 구조를 위해서 해경 501함정을 타고서 항해 중이던 해경 부함장은 9시 34분에 밤 9시 33분의 천안함 위치좌표를 연락받고, 그 시간과 좌표를 자신의 수첩에 자필로 빠르게 기록한다. 그리고 해경 501함정은 최대속도로 천안함의 뒤를 따른다.

3. 천안함 우현으로 넘어가다

천안함은 해경 부함장이 기록한 위치좌표(37-55-00N, 124-36-06E)를 지난 후 좌회전을 시도하다가 우현으로 넘어가며 정지한다.

(1) 증거

① 해경이 보고한 9시 15분 위치좌표, 해경 부함장이 기록한 9시 33분 위치좌표, 그리고 함미침몰위치는 신뢰도가 매우 높다. 그리고 백령도 근해에서 사고당일 조류는 남동쪽으로 흘렀다. 따라서 천안함이 무동력 상태가 되는 심각한 스크루 손상이나 정지위치는 함미침몰위치보다 북서쪽이 되어야 한다. 그 외의 지역에서 천안함이 무동력 상태에서 함미침몰위치로 이동하는 것은 불가능하기 때문이다.

② 천안함이 함미침몰위치의 북서쪽에서 정지 및 심각한 스크루 손상이 일어났다는 것은 천안함이 함미침몰위치의 북서쪽으로 피항을 했다는 것을 의미한다. 여기서 천안함이 함미침몰위치의 북서쪽으로 피항을 했다는 것은 천안함이 해경 부함장이 기록한 위치좌표를 지나면서 좌회전을 했다는 것을 의미한다.
대청도 서해에서 좌초한 천안함이 해경 부함장이 기록한 지점까지 수직으로 북상을 했다. 이러한 천안함이 해경 부함장이 기록한 지점을 지나면서 좌회전을 시도하였다.

③ 천안함이 좌회전 중에 정지하였다는 사실은 "천안함이 좌회전을 하다가 우현으로 넘어갔다"는 사실을 시사한다. 함미에 바닷물이 들어찬 천안함이 좌회전을 하는 중에 회전관성으로 좌우균형을 유지하기 어렵기 때문이다.

〈그림 18〉는 천안함의 이동경로 및 사고위치를 나타낸 것이다.

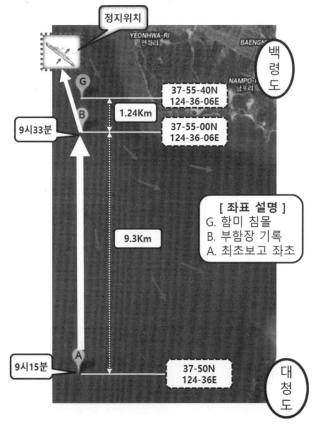

그림 18. 천안함의 이동경로 및 사고위치

천안함의 '정지위치'는 함미침몰위치의 북서쪽이다. 사고당일의 조류방향을 고려할 때에 천안함의 정지 및 스크루 손상은 함미침몰위치보다 북서쪽에 있는 '정지위치'에서 발생하였다.

천안함은 9시 15분에 대청도 서해에서 함미선저가 좌초한 후에 북상을 해서 해경 부함장이 기록한 위치좌표를 지나면서 좌회전을 시도하였다. 천안함이 함미침몰위치의 좌측을 지나서 좌회전을 하다가 우현으로 넘어가면서 정지하고, 동시에 함미가 빠르게 가라앉는다.

(2) 증거의 신뢰도

천안함이 해경부함장이 기록한 좌표를 지나 좌회전을 하면서 우현으로 넘어가면서 정지했다는 주장은 다음과 같은 이유에서 신뢰도가 높다.

① 천안함이 해경 부함장이 기록한 위치좌표를 지나면서 좌회전을 하지 않는 경우에 천안함이 백령도의 두무진 서쪽 해안에 충돌하거나 좌초한다. 따라서 천안함은 해경 부함장이 기록한 위치좌표를 지나면서 좌회전을 할 수 있다.

② 천안함이 해경 부함장이 기록한 위치좌표를 지나서 계속 북상할 경우에 천안함은 NLL(북방한계선)을 넘게 된다. 따라서 천안함이 해경 부함장이 기록한 위치좌표를 지나면서 좌회전을 할 수 있다.

③ 대청도 서해에서 좌초, 해경 부함장이 기록한 위치좌표, 함미침몰 위치, 그리고 사고당일의 조류방향을 고려할 때에 천안함이 해경 부함장이 기록한 위치좌표를 지나면서 좌회전을 하였다.

④ 시간적으로 9시 15분 대청도 서해에서 좌초, 9시 33분 해경 부함 장이 기록한 위치를 지나면서 좌회전, 함미침몰위치의 북서쪽에 서 정지 및 스크루 프로펠러의 손상, 9시 45분경 반파의 시작(국 방부가 최초로 발표한 천안함 침몰시간)은 자연스럽다.

⑤ 국방부가 발표한 해군 KNTDS(전술지휘시스템) 상의 이동경로는 상기 천안함의 좌표분석에서 예상되는 이동경로 및 정지위치와 일 치한다. 해군 KNTDS(전술지휘시스템) 상에서 좌회전을 하는 천 안함이 9시 22분 좌표를 지나 9시 25분 좌표에서 정지한다(미디 어오늘, 2010.4.27).

참고로 국방부가 발표한 해군 KNTDS(전술지휘시스템) 자료는 9시 25 분 조작본으로 시간을 조작한 것으로 판단한다(한사람을 기다리며 천안 함을 고발하다1.2, 한민국, 2015; eBook 합본, 2018). 2010년 3월 28일 에 국방부가 발표한 천안함의 공식적인 침몰시간은 밤 9시 25분이다.
그리고 KNTDS 상의 천안함의 이동경로 및 속도는 '천안함의 밤 9 시 33분 좌표, 천안함 함미의 위치, 사고당일의 조류방향'을 고려할 때 사실(Fact)로 판단한다.

(3) 범죄의 재구성

함장은 9시 33분에 해경 부함장이 기록한 위치좌표를 지나면서 좌회전을 시도한다. 계속해서 북상할 경우에 백령도 두무진 해안에 좌초하거나 NLL(북방한계선)을 넘어갈 수 있기 때문이다. 천안함 함미에 계속 유입된 바닷물로 이동속도가 느려진 천안함은 좌회전 중에 회전관성을 이기지 못하고 우현으로 넘어갔다. 바닷물이 들어찬 함미의 무게로 천안함이 좌회전 중에 좌우중심을 잡지 못한 것으로 판단한다.

천안함이 우현으로 넘어가면서 정지한 후 곧바로 함미가 가라앉는다. 천안함이 전진 중에는 추진력에 의해서 바닷물이 들어차는 함미가 가라앉지 않았다. 그러나 천안함의 정지와 함께 추진력이 사라지면서 바닷물이 들어찬 함미가 곧바로 가라앉았다.

천안함의 함미가 가라앉으면서 함수가 공중으로 솟았다. 이에 함장과 장병들은 극도의 공포와 혼란을 경험한다. 그리고 함장은 함미가 가라앉는 천안함의 수평회복을 위해서 스크루 프로펠러를 최대한으로 작동시킨다. 그러나 한 번 함미가 가라앉은 천안함은 스크루 프로펠러의 작동으로 수평을 회복하기는 불가능하였다. 우현의 스크루 프로펠러가 해저지면과 접촉한 상태에서 스크루 프로펠러가 강력하게 회전하였다. 그리고 스크루 프로펠러가 해저면(뻘)과 충돌하면서 프로펠러 날개들이 차례대로 안쪽으로 휘어졌다. 또한 해저면(뻘)과 충돌하면서 스크루 프로펠러의 추진축이 뒤로 밀리고, 동시에 스크루 프로펠러의 추진축과 연결된 기어박스가 손상되었다. 그리고 손상된 추진축 및 기어박스를 통해서 바닷물이 기관실로 들어오면서 천안함은 완전히 동력을 상실한다. 이후 천안함의 기관실까지 바닷물이 빠르게 들어차고, 동력을 잃은 천안함은 조류를 따라 남동쪽으로 표류한다.

이후 공중으로 솟은 함미에 있던 함장과 지휘관들은 함미의 장병들에 대한 구조를 포기한다. 함미의 장병들을 구조하기 위해 수밀문을 개방할 경우에 함수의 장병들도 곧바로 위험에 처하기 때문이다. 이러한 상황에서 함수에 있던 함장과 장병들이 실제적으로 할 수 있는 일은 아무 것도 없었다. 함장과 장병들은 해군 및 해경과 연락을 취하면서 빨리 구조되기만을 기다렸다.

천안함의 정지와 함께 함미가 가라앉으면서 함미에 빠르게 바닷물이 유입된다. 함미의 장병들은 죽음에 직면하면서 함장과 지휘관, 그리고 전우들이 자신들을 버렸다는 극도의 배신감과 분노로 치를 떤다. 그리고 장병들은 보통 사람으로서는 결코 상상할 수도 없는 죽음의 공포 속에서 삶을 마감한다.

백령도 해병대 상황실로부터 비상연락을 받은 해병대 TOD 장병들은 철통같은 경계임무를 수행하였다. 그들은 백령도 해안에 천안함이 출현한 순간부터 반파까지 모든 과정을 TOD로 목격하고, 상황실에 보고하였다. 그리고 상황실에서 비상근무를 서던 자랑스러운 해병대원과 장교들은 상황실 모니터로 천안함의 출현과 반파과정을 실시간으로 확인하고, 상부에 보고하였다.

4. 밤 9시 45분 반파하다

천안함은 해경 부함장이 기록한 좌표를 지나면서 좌회전을 시도하고, 좌회전 중에 함미침몰위치의 북서쪽에서 우현으로 넘어가면서 정지한다. 그리고 함미가 빠르게 가라앉으면서 천안함의 반파과정이 시작된다.

〈그림 19〉는 천안함의 5단계 반파과정에서 4단계까지 모습을 보여준다.

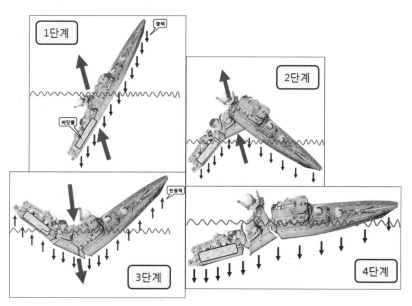

그림 19. 천안함의 반파과정 5단계

(1) 반파과정 1단계

천안함의 반파과정 1단계는 함미가 가라앉고, 함수가 공중으로 솟은 상태이다. 시간적으로 밤 9시 40분~45분경으로 약 5분 정도로 추정된다. 이 시간 동안 천안함은 무동력 상태로 조류를 따라서 함미 침몰위치 가까이 내려온다.

천안함의 반파과정 1단계에서 천안함의 약 60% 정도가 수면 아래 잠겼을 것으로 판단한다. 이 시기에 천안함의 무게중심부분(큰 빨간 화살표 부분)에 절단스트레스가 심하게 가해진다. 천안함의 무게중심 부분을 기준으로 우현하단에 수축압력이 작용하고, 좌현상단에 팽창 압력이 작용한다. 이러한 절단스트레스가 빠르게 누적되면서 천안함 의 무게중심부분에서 천안함의 반파를 알리는 소음들이 들리기 시작 한다. 천안함의 반파를 알리는 전조증상이 시작되었다.

함수의 장병들은 천안함의 반파를 알리는 전조증상에 따라 극심한 공포를 느끼며, 자신들의 몸을 천안함에 단단히 고정한다. 그리고 자 신들도 사망할 수도 있다는 숨 막히는 죽음의 공포 속에서 천안함의 반파를 기다린다.

함미의 장병들은 천안함이 반파되기 전, 즉 반파과정 1단계에서 모 두 사망한 것으로 판단한다. 함미에 바닷물이 가득차서 장병들이 더 이상 숨을 쉴 수 없기 때문이다.

천안함의 반파과정 1단계에서 해군의 고속정이 천안함 사고현장에 도착한 것으로 판단한다. 군 지휘체계상 해경보다 해군에 구조요청이 먼저 가고, 해군 고속경비정이 빠르기 때문이다. 따라서 해군의 일부 지휘관과 해군고속정의 장병들은 천안함의 반파과정을 모두 목격했을 가능성이 높다. 그러나 해군 고속경비정은 현장에서 적극적으로 인명구조 활동을 하지 못하고, 만약의 사태에 대비해서 사고현장의 주변에 대기한다. 그 이유는 천안함의 반파과정이 시작된 후에 천안함은 언제라도 반파될 수 있는 상황이기 때문이다. 이러한 상황에서 함수의 장병들을 구하기 위해서 공중으로 솟아오른 함수로 진입하는 것은 매우 위험하고 어려운 일이었다. 결국 천안함의 반파 후에 현장에 도착한 해경이 반파된 함수에 있던 장병들을 차례로 구조하였다.

(2) 반파과정 2단계

천안함의 반파과정 2단계는 공중으로 솟은 함수와 수면 아래 함미의 무게중심부분이 절단되는 순간이다. 공중으로 솟아있던 함수가 부러지면서 아래로 떨어지고, 동시에 천안함의 무게중심부분에 작용하는 힘에 의해서 중간부분이 위로 솟구친다. 이 과정에서 천안함은 순간적으로 ∧자(역∨자) 모양이 된다. 천안함은 우현으로 조금 기울어진 상태에서 ∧자 모양으로 반파가 된다. 우현으로 기울어진 상태에서 좌현하단보다 우현하단의 손상이 훨씬 크게 나타났다. 또한 반파과정에서 우현하단이 크게 수축하고, 좌현상단이 크게 팽창하였다.

함수의 장병들은 공중에서 수직으로 떨어지는 공포를 경험하였을 것이다. 그러나 생존 장병들은 천안함의 반파 전에 발생하는 전조증상(어떠한 사건이 발생하기 전에 나타나는 징후들)에 따라 반파에 대비하였다. 천안함의 반파 시에 생존 장병들은 천안함의 일부에 자신의 몸을 지탱하고 있었기 때문에 큰 부상이 없었던 것으로 판단한다.

한편으로 천안함의 무게중심부분(절단부분)에 있던 일부 장병들이 이 시기에 죽음을 맞이하거나 실종된 것으로 판단한다. 천안함의 절단부분에 위치한 중요시설에 있던 장병들은 함장의 지시에 따라 마지막까지 임무를 수행하고, 반파과정 1단계(익사) 내지 2단계에서 사망한 것으로 판단한다.

(3) 반파과정 3단계

천안함의 반파과정 3단계는 함수가 바다에 부딪치면서 천안함이 ∨자 모양이 되는 순간이다. 천안함에 상당한 정도의 충격이 순간적으로 가해진다.

이 단계에서 생존자들의 일부는 함수가 바다에 부딪치면서 튕겨 오를 때에 자신의 몸을 지탱하지 못했을 것이다. 이 시기에 일부 생존자는 몸이 튕겨 올라 천안함에 몸을 부딪치면서 가벼운 부상을 당한 것으로 판단된다. 천안함의 일부 생존자들이 보여주는 가벼운 부상은

이 단계에서 발생한 것으로 추정된다.

그리고 반파과정 1단계에서 익사한 함미의 장병들은 2단계 내지 3단계 반파과정에서 큰 외상을 입지 않았다. 그 이유는 함미에 가득한 바닷물이 천안함 반파 시에 발생하는 충격에서 사망 장병들을 보호했기 때문이다.

(4) 반파과정 4단계

천안함의 반파과정 4단계는 바다 위의 함수와 수면 아래 함미의 일부가 연결되어 잠깐 동안 조류를 따라 떠내려가는 순간이다. 이때 함수는 우현으로 기울어진 상태가 된다. 그 이유는 천안함이 우현으로 기울어진 상태로 반파되었기 때문이다. 백령도 근해의 조류와 함수의 부력을 고려할 때에 함수부분이 남동쪽으로 먼저 떠내려가면서 수면 아래 함미를 잠깐 동안 끌고 갔을 것이다.

이 단계에서 함수의 일부 생존자가 함수와 함미를 연결하는 중간 부분이 잠깐 동안 흔들리다가 사라지는 모습을 본다. 천안함의 반파와 함께 함미가 단 "1초"만에 바다 속으로 사라지는 모습을 목격한다. 이후 죽음의 위기에서 벗어난 생존 장병들은 함미에서 사망한 전우들의 생각에 고개를 숙인 채 침묵한다.

이 시기에 함장과 지휘관들은 천안함 침몰 및 장병들의 사망에 대한 대책을 위해서 분주하게 해군사령부 및 상급지휘관들과 연락을 취한다.

(5) 반파과정 5단계

천안함의 함수와 수면 아래 함미가 완전히 분리된다. 함수와 완전히 분리된 함미는 곧바로 바닥으로 가라앉는다. 함미에 부력이 전혀 없기 때문이다. 이러한 이유로 천안함 반파 중에 발생하는 대형 파편들과 함미가 비슷한 위치에 가라앉았다. 그리고 부력을 유지하고 있던 함수는 백령도 근해의 조류를 따라서 남동쪽으로 표류한다. 그리고 함수에 있는 장병들이 해경에 의해서 구조된다.

이후 함장과 지휘관들은 생존자들의 핸드폰을 회수하고, 함구령을 내린다(머니투데이, 2010.4.7; 미디어오늘, 2012.6.12). 자신의 생사와 천안함의 상황을 가족에게 알릴 수 있는 핸드폰의 회수와 함구령은 천안함 사건에 대한 통제와 조작이 시작되는 신호로 해석할 수 있다. 이 시기에 아직 국방부 및 해군의 구체적인 대처방향이 정해지지 않은 상태이다. 국방부는 사고 당일 늦은 밤에 천안함이 밤 9시 45분에 선저의 파공에 의해서 침몰하였다는 소식을 전한다. 합동참모본부의 이기식 해군준장은 27일 새벽에 "26일 오후 9시 45분에 우리 함정의 선저(바닥)가 원인 미상으로 파공되어 침몰했다"는 보고를 한다(연합뉴스, 2010.3.27).

국방부의 최초보고는 상당부분 진실을 담고 있다. 내가 보기에 국방부의 모든 보고에서 최초보고가 가장 진실에 가깝다. 국방부의 발표에서 "천안함이 밤 9시 45분에 선저에서 발생한 파공으로 침몰했다"는 내용은 진실(True)이다. 좌표분석과 물리적 증거들에 따르면 천안함은 대청도 서해에서 좌초로 '선저에서 파공(구멍)'이 발생하였고, 백령도 근해에서 '밤 9시 45분'에 침몰하였다. 천안함의 반파가 매우 짧은 시간에 이루어졌기 때문에 반파시간과 침몰시간은 모두 밤 9시 45분경이다.

5. 천안함 조작이 시작되다

천안함 사건의 발생부터 지금까지 국방부의 증거조작과 거짓말은 그 수를 헤아리기 어렵다. 국방부가 조작한 물리적 증거들을 찾는 방법은 매우 간단하다. 조작이 불가능한 물리적 증거와 불일치하는 모든 증거는 조작된 것이다. 조작이 불가능한 물리적 증거와 불일치하는 모든 증언은 거짓말이다. 여기서 천안함 사건의 초기에 이루어진 사고시간의 변경과, 해군에 의해서 이루어진 최초의 사고조작을 살펴보자.

(1) 천안함 사고시간을 조작하다

천안함의 좌표분석에 의하면 천안함은 밤 9시 15분경에 대청도 서해에서 좌초하고, 밤 9시 45분경에 백령도 근해에서 반파하였다.

국방부가 최초로 보고한 침몰시간은 밤 9시 45분이다.

사고 당일 국방부의 최초보고는 "천안함이 밤 9시 45분에 원인을 알 수 없는 함미선저의 파공에 의해서 침몰하였다"이다. 2010년 3월 27일 새벽에 합동참모본부 이기식 해군준장은 "우리 함정의 선저(바닥)가 원인 미상으로 파공되어 침몰했다"고 발표하였다(연합뉴스, 2010.3.27). 군 소식통은 "천안함이 선체 뒤쪽 스크루 부분에 구멍이 뚫려 침몰이 시작됐다"고 전했다(연합뉴스, 2010.3.27). 그리고 국방부는 "현재는 당시 사고 인근지역에서 북한의 잠수함 활동 정황이 발견되지 않았고, 투입 가능성도 매우 낮은 것으로 판단하고 있다"는 발표를 하였다(연합뉴스, 2010.4.1).

국방부는 최초보고에서 천안함의 침몰시간을 '밤 9시 45분'으로 보고하고, 침몰원인을 '선저의 파공'으로 보고하였다. 천안함의 침몰시간 및 침몰원인은 나의 좌표분석에 따른 사고내용과 일치한다. 좌표분석과 물리적 증거들은 "천안함이 밤 9시 15분의 좌초로 함미선저에 파공이 발생하고, 밤 9시 45분의 반파로 함미가 침몰하였다"는 사실을 보여준다.

참고로 국방부의 최초보고는 어뢰공격 주장으로 설명이 불가능하다. 만약 천안함이 어뢰폭발로 반파되었다면 잠수부가 바다 속의 함 미를 수색하기 전까지 국방부는 '선저의 파공, 스크루의 손상'을 전혀 알 수 없다. 또한 생존 장병들도 모두 '선저의 파공'이나 '스크루의 손 상'을 전혀 알 수 없는 상황이다(반파원인을 모른다는 생존 장병들의 증언이 진실일 경우). 그리고 천안함이 어뢰폭발로 반파할 경우에 어 느 누구도 "함미선저의 파공으로 천안함이 침몰하였다"고 말하지 않 을 것이다. 이러한 사실들은 국방부가 '천안함이 좌초한 후 선저의 파 공으로 침몰된 사실'을 알고 있었다는 증거이다.

해경이 최초로 보고한 좌초시간은 밤 9시 15분이다.

해경은 사고당일 밤 최초의 보도자료에서 천안함 사고의 발생시간 을 밤 9시 15분이라고 밝혔다(경향신문, 2010.4.4). 해경은 천안함 사 고의 초기에 보도자료 및 언론을 통해서 천안함이 밤 9시 15분에 대 청도 서해(37-50N, 124-36E)에서 좌초했다는 사실을 전했다(MBC 뉴스데스크, 2010.4.3; 한겨레신문, 2010.4.3; 오마이뉴스, 2010.4.3).

그러면 해경이 발표한 좌초시간 밤 9시 15분과 국방부가 발표한 침 몰시간 밤 9시 45분은 서로 다른가?

국방부와 해경이 최초로 보고한 사고시간은 모두 진실(True)이다.

천안함 사고당시에 해경과 국방부의 서로 다른 사고시간 발표를 두고 여러 가지 논란이 있었다. 이후 국방부가 계속해서 사고시간 및 사고원인을 변경하면서 논란은 증폭되었다.

그러나 국방부와 해경이 최초로 보고한 사고시간은 모두 진실(True)이다. 국방부와 해경이 서로 다른 사고시간을 발표한 것이 아니다. 국방부가 발표한 밤 9시 45분은 천안함의 침몰시간이고, 해경이 발표한 밤 9시 15분은 천안함의 좌초시간이다. 국방부와 해경이 발표한 내용을 자세히 보라. 국방부의 발표는 정확하게 "천안함이 백령도 근해에서 밤 9시 45분에 원인을 알 수 없는 함미 선저의 파공에 의해서 침몰하였다"이다. 바로 천안함이 파공에 의해서 침몰한 시간, 즉 천안함이 백령도 근해에서 반파된 시간을 의미한다. 그리고 해경의 발표는 정확하게 "천안함이 대청도 서해에서 밤 9시 15분에 좌초하였다"이다. 바로 천안함이 대청도 서해에서 좌초한 시간을 말한다.

따라서 국방부의 최초발표와 해경의 최초발표는 서로 모순이 아니다. 국방부와 해경이 최초로 발표한 사고시간은 모두 진실이다. 천안함은 해경의 최초발표와 동일하게 '밤 9시 15분에 대청도 서해에서 좌초'하고, 국방부의 발표와 동일하게 '밤 9시 45분에 백령도 근해에서 침몰'하였다.

해경과 국방부가 최초로 발표한 사고내용을 종합하면 다음과 같다.

"천안함은 밤 9시 15분에 대청도 서해에서 좌초하고, 함미선저에 파공이 발생하였다. 함미선저의 파공으로 바닷물이 함미로 들어차고, 이후 천안함은 백령도 근해로 이동하였다. 그리고 백령도 근해에서 천안함은 밤 9시 45분에 함미선저의 파공에 의한 침수로 침몰하였다."

그러나 안타깝게도 사고당시 언론은 국방부와 해경이 서로 다른 사고시간 및 사고내용을 발표한 것으로 보도하였다. 이후 국방부는 며칠 동안에 사고시간을 수차례 변경하고, 해경은 사고시간에 대하여 해군에 문의할 것을 요청한다. 〈표6〉은 국방부가 발표한 사고시간의 변화를 보여준다.

표6. 국방부 발표의 사고시간 변화

발표 시간	발표 주체	사고 시간	사고 원인
3월 26일	국방부 공식발표	밤 9시 45분	좌초 혹은 파공에 의한 침몰
3월 27일	국방부 공식발표	밤 9시 30분	⇩
3월 28일	김태영 국방장관	밤 9시 25분	북한의 어뢰공격에 의한 침몰로 변경함
4월 1일	국방부 공식발표	밤 9시 22분	

불과 며칠 사이에 국방부가 발표한 천안함의 사고시간이 3차례나 바뀌게 된다. 함장 역시 천안함 침몰 다음날 실종자 가족들 앞에서 사고시간을 9시 25분이라 증언하고, 그 다음날 9시 22분으로 수정하

였다(MBC뉴스, 2010.4.5).

국방부의 사고시간 변경이 조작이라 주장하는 이유는 국방부가 천안함의 사고시간을 모를 수 없기 때문이다. 천안함 사고에서 생존한 다수의 장병들이 사고위치 및 사고시간을 모를 수 없다. 또한 천안함 사고 후 지휘계통에 따른 보고와 구조요청, 천안함 생존 장병들을 구조한 해경, 천안함의 이동경로를 실시간으로 보는 해군 KNTDS(전술지휘시스템), 그리고 천안함 TOD(열상카메라)를 포함하는 물리적 증거들로 천안함의 사고위치와 사고시간을 모르는 것은 불가능하다.

또한 사고원인을 함장과 생존 장병들이 모르는 것도 불가능하다. 천안함의 좌초에서 반파까지 모든 진실을 생존자들은 알고 있다. 함미의 장병들이 죽어간 이유를 모두가 알고 있다. 천안함이 좌초 후 수밀문 폐쇄로 반파되고, 함미의 장병들이 사망하였기 때문이다. 천안함은 북한의 어뢰공격으로 한 순간에 반파된 것이 결코 아니다. 다수의 생존 장병들이 침묵하고, 함장과 일부 직업군인들이 거짓말을 한 것이다.

잊지 마시라. 조작이 불가능한 물리적 증거와 불일치하는 증언은 모두 거짓말이다. 국방부가 사고시간을 알고 있으면서 어떠한 목적으로 사고시간과 사고원인을 바꾼 것이다.

그러면 국방부는 왜 사고시간을 바꾸었을까? 국방부는 왜 사고원인을 좌초 내지 파공에 의한 침몰에서 어뢰공격에 의한 침몰로 바꾸었을까? 그 이유는 천안함 장병들의 사망에 대한 책임 때문이라 생각한다.

천안함의 사고시간에 따라 함장과 국방부의 범죄혐의가 결정될 수 있다. 사고시간에 따라 함장과 국방부의 살인혐의가 결정될 수 있다. 만약 국방부가 주장하는 바와 같이 북한의 어뢰공격에 의해서 천안함이 한순간에 반파되었다면 함장과 국방부에 장병들에 대한 범죄혐의가 전혀 없다. 그러나 좌초 후 수밀문 폐쇄에서 반파까지 30여분의 시간이 있었다면 함장과 국방부에 살인혐의가 성립할 수 있다. 천안함의 좌초 후 반파까지 30여분 동안 함장과 국방부의 대응이 장병들의 사망과 관계가 있기 때문이다. 조작이 불가능한 10가지 물리적 증거들에 대한 인과관계 검증으로 수밀문 폐쇄가 장병들의 사망 및 천안함 반파의 원인이라는 사실이 증명되었다. 그리고 천안함 수밀문 폐쇄의 책임은 기본적으로 함장과 국방부에 있다. 따라서 함장과 국방부에 '미필적 고의에 의한 살인혐의'가 성립할 가능성이 매우 높다.

천안함 사건에 대한 시간조작은 감사원의 감사결과에서도 분명하게 드러났다. 천안함 사건에 대한 감사원의 감사에서 국방부가 '9시 15분'을 '9시 45분'으로 조작했다는 것이 드러났다(미주중앙일보, 2010.6.11; 동아일보, 2010.6.12). 김황식 감사원장은 "해작사(해군작전사령부)가 보고한 사건발생시간은 21시 15분이지만 합참에서 간부들 사이에 논란이 돼 시간을 21시 45분으로 정정했다" "(사고발생시간을 고친 사람은) 합참 본부장과 밑에 부장 등이 관여돼 있다" "21시 15분에서 '15'에 ∠를 볼펜으로 그려 넣어 '45분'으로 했다" 등의 증언을 하였다(미주중앙일보, 2010.6.11.).

그러면 국방부는 왜 '좌초시간 9시 15분'을 '반파시간 9시 45분'으로 바꾸려고 했을까? 국방부는 왜 좌초시간(9시 15분)과 반파시간(9시 45분)을 일치시키려고 했을까? 그 이유는 국방부가 천안함 장병들의 사망에 대한 책임에서 벗어나고자 하는 목적 외에 다른 설명이 어렵다. 좌초에서 반파까지 30여분의 시간은 함장과 국방부의 잘못된 대처 및 이로 인한 장병들의 사망을 의미하기 때문이다.

결국 국방부는 좌초시간 9시 15분 및 반파시간 9시 45분을 모두 버리고, 9시 22분 어뢰공격에 의한 반파로 조작한다. 북한의 어뢰공격에 의한 반파로 천안함 사건을 조작함으로서 국방부는 장병들의 사망에 대한 책임에서 완전히 벗어날 수 있었다.

(2) 천안함 사건을 단순좌초로 조작하다

천안함 사건의 초기에 해군과 국방부는 천안함 사건을 '백령도 해안에서 발생한 좌초에 의한 침몰'로 조작하였다. 해군은 사고 다음날 당시 실종자 가족들을 대상으로 천안함이 백령도 근해에서 좌초로 침몰하였다고 보고하였다. 그러나 유가족의 거센 반발 속에서 국방부는 이전에 자신들이 부정하던 북한의 어뢰공격으로 조작을 하게 된다.

해군작전도는 천안함 사건을 단순좌초로 조작한 증거이다.

〈그림 20〉은 3월 27일 당시 실종자 가족이 평택에 있는 해군 2함대에서 해군관계자에게 입수한 해군작전도이다.

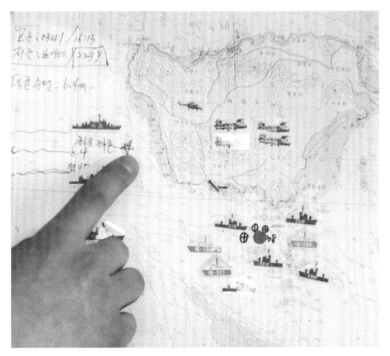

그림 20. 3월 27일 실종자 가족이 입수한 해군작전도
아시아경제, 2010.3.27.

〈그림 20〉에서 손가락이 가리키는 '별표'(=최초좌초) 지점이 있다. 당시 실종자 가족은 해군관계자가 천안함이 '별표' 지점에서 '최초좌초'를 당한 것으로 설명했다고 증언했다(한겨레신문, 2010.3.27; KBS 〈추적 60분〉, 2010.5.5).

이 시기의 국방부 공식적인 사고발생시간은 밤 9시 30분이다. 그리고 당시 실종자 가족들 앞에서 함장은 밤 9시 25분 천안함의 침몰을 증언하였다(MBC뉴스, 2010.4.5). 그러므로 국방부는 천안함이 9시 30분 내지 9시 25분에 상기 '최초좌초'(좌표 37-56-12N, 124-36-36E) 지역에서 발생한 좌초로 반파하였다고 보고한 것이다.

그러나 해군작전도에 표시된 '최초좌초' 지점은 천안함의 실제 좌초 지역이 아니다. 해군의 발표대로 '최초좌초' 지점에서 천안함이 좌초한 경우에 스크루 프로펠러의 손상을 설명하기 어렵다. 천안함이 '최초좌초' 지역에서 스크루 프로펠러가 손상된 경우에 기동력을 상실한 천안함이 조류방향과 다르게 천안함의 반파위치로 이동할 수 없다.
또한 천안함이 백령도 근해에서 좌초하지 않았다는 결정적 증거는 해군고속정과 해경 501함의 이동경로에 있다

해경 501함의 이동경로는 대청도 서해의 좌초증거이다.

대청도 동해에 있던 해경 501함과 해경고속정의 이동경로는 천안함이 대청도 서해에서 좌초하고, 이후 백령도 방향으로 북상을 하였다는 명백한 증거이다.

천안함 사고당시에 해경 501함과 해군고속정(4척)은 대청도 동해에서 있었다. 천안함의 구조연락을 해경 501함과 해군고속정은 대청도 동해에서 대청도 남해를 돌아서 대청도 서해로 이동하고, 이후 백

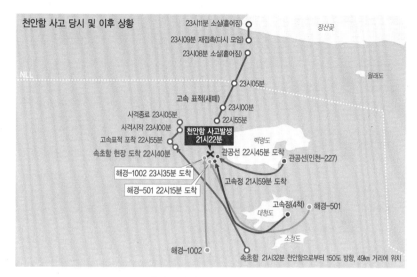

그림 21. 해경 501함의 이동경로
경향신문, 2010.4.2.

령도 방향으로 북상하였다. 이러한 해경 501함의 이동경로는 다음과
같은 사실을 보여준다.

① 천안함은 백령도 근해에서 좌초하지 않았다.

해군이 사고 다음날 실종자 가족들에게 보고한 "천안함이 백령
도 근해에서 좌초하였다"는 내용은 거짓이다. 만약 해군이 발표
한 좌초위치(해군작전도의 별표위치)에서 좌초한 경우에 해경
501함과 해군고속정이 대청도 남쪽을 돌아서 대청도 서해로 이
동할 이유가 전혀 없다. 백령도 근해에서 천안함이 좌초한 경우
에 해경 501함과 해군고속정은 대청도 동해에서 바로 북서쪽으
로 이동하여 백령도 근해(좌초위치)로 이동하였을 것이다.

② 천안함은 백령도 근해에서 어뢰폭발로 반파하지 않았다.

국방부가 "천안함이 백령도 근해에서 북한의 어뢰공격으로 침몰하였다"고 발표한 내용은 거짓이다. 만약 국방부의 발표대로 백령도 근해에서 천안함이 어뢰폭발로 반파한 경우에 해경 501함과 해군고속정이 대청도 남쪽을 돌아서 대청도 서해로 이동할 이유가 전혀 없다. 백령도 근해에서 천안함이 어뢰공격으로 반파한 경우에 해경 501함과 해군고속정은 대청도 동해에서 바로 북서쪽으로 이동하여 백령도 근해(침몰위치)로 이동하였을 것이다.

③ 천안함은 대청도 서해에서 좌초한 후 백령도 근해로 이동하다가 반파하였다.

천안함이 대청도 서해에서 좌초하였기 때문에 해경 501함과 해군고속정은 대청도 남쪽을 돌아서 대청도 서해로 이동하였다. 이후 대청도 서해에서 백령도 방향으로 북상하는 천안함을 따라서 해경 501함과 해군고속정은 백령도 방향으로 북상하였다.

따라서 해군이 설명한 '최초좌초' 지역은 실제 좌초위치가 아닌 조작된 좌초위치이다. 따라서 해군이 사고 다음날 유가족들에게 설명한 '백령도 해안에서 좌초에 의한 침몰'는 조작이요, 거짓말이다.

위와 같이 해군과 국방부는 천안함 사건의 초기에 밤 9시 15분 대청도 서해에서 발생한 좌초를 부정하고, 천안함 사건을 '백령도 근해에서 발생한 좌초에 의한 침몰'로 조작하였다. 천안함의 반파위치 근처에서 좌초가 가능한 지역(해수면이 얕은 지역)을 선정하고, 그 지역을 '최초좌초' 지역으로 조작한 것으로 판단한다. 이러한 조작의 이유는 좌초시간과 반파시간의 간격을 없애서 천안함 장병들의 사망에 대한 책임을 피하는 것 외에 다른 설명이 어렵다.

| 함장과 국방부의 거짓말에 대하여 |

함장과 국방부는 왜 거짓말을 할까? 왜 수도 없이 말을 바꿀까? 단 며칠 사이에 수차례 천안함의 침몰시간이 바뀐다는 것이 말이 되는가? 생존 장병들이 사고원인을 모른다는 것이 말이 되는가? 국방부가 사고원인을 모르기 때문에 사고원인 및 사고시간을 바꾼 것일까?

쉽게 생각하자. 헷갈릴수록 상식으로 보자. 당신은 인생에서 수많은 거짓말을 경험하였을 것이다.
그 사람들은 왜 거짓말을 할까? 기억을 더듬어 보시라.

거짓말의 동기는 자신의 잘못이나 죄(罪)를 숨기기 위한 것이다. 어린아이에서 어른까지 사람들은 자신의 잘못을 숨기기 위해서 거짓말을 한다. 사소한 잘못에서 살인에 이르기까지 거짓말의 동기는 자신의 잘못이나 죄를 숨기기 위한 것이다. 국방부 역시 마찬가지이다. 자신들의 잘못이나 죄(罪)를 숨기기 위해서 거짓말을 한다.

거짓말의 가장 큰 특징은 말이 자주 바뀐다는 사실이다. 거짓말은 말이 자주 바뀐다. 시간이 지날수록 거짓말은 보태진다. 거짓말에는 상황이나 증거와 맞지 않은 모순이 있다. 하여 처음 거짓말에서 대부분 모순이 드러난다. 그러면 거짓말의 모순을 해결하기 위해서 또 다른 거짓말이 필요하다. 그러다보면 그 사람이 처음에 한 말과 나중에 한 말은 완전히 차이가 난다.

이러한 이유로 범죄분석에서 최초증언이 매우 중요하다. 혼란에 빠진 범죄사건에서 최초증언에 진실을 보여주는 중요한 사실이 있는 경우가 많다.

거짓말은 부분적 거짓말에서 전면적 거짓말로 발전한다. 처음에는 일부 사실에 대하여 거짓말을 하는 수동적인 거짓말을 보인다. 일부에서 진실을 말하고, 일부에서 거짓말을 한다. 자신에게 불리한 사실에 대해서는 침묵하거나 혹은 모른다고 한다. 이러한 거짓말로 자신의 잘못을 벗어나는 것이 실패할 경우에 사람들은 능동적으로 전면적인 거짓말을 한다. 처음의 말과 완전히 다른 새로운 사실을 대담하게 말한다. 시간이 흐를수록 거짓말은 더욱 뻔뻔하고 대담해진다.

이러한 이유에서 사고초기의 범죄용의자의 진술은 매우 중요하다. 범죄분석가는 최초진술과, 최초진술이 변화는 과정을 세밀하게 분석한다. 이를 통해서 진실과 거짓말의 내용을 구분하고, 거짓말의 동기를 추정한다.

이러한 거짓말의 동기와 특징, 그리고 거짓말의 발전과정을 국방부의 수많은 발표가 그대로 보여준다. 국방부는 천안함 장병들의 사망원인을 조작하기 위해서 수도 없이 말을 바꾸었다. 국방부의 최초보고에서 말한 천안함 침몰시간(밤 9시 45분) 및 침몰원인(선저의 파공)이 시간에 따라 바뀐다. 나중에는 황당하게도 "천안함이 밤 9시 22분경에 북한의 어뢰공격에 의한 침몰하였다"는 새빨간 거짓말을 한다. 너무도 황당하고 너무도 뻔뻔한 국방부의 새빨간 거짓말에 할 말이....... 헉헉!!

다행히 국방부의 거짓말을 100% 검증할 수 있는 방법이 있다. 함장과 국방부 및 관계자들의 거짓말, 목격자들의 거짓말, 일부 직업군인의 거짓말을 100% 검증할 수 있는 방법이 있다. 바로 국방부나 어떤 누구에 의해서도 조작될 수 없는 물리적 증거를 이용한 인과관계 검증이다.

천안함의 반파원인을 직접 보여주는 또한 어느 누구도 조작할 수 없는 천안함의 반파모습으로 인과관계 검증을 할 수 있다. 이러한 천안함의 반파모습과 인과관계 검증에서 100% 일치하는 반파원인만이 진실이다. 조작이 불가능한 물리적 증거와 일치하는 증언만이 진실이다.

함장의 거짓말과 진실

천안함 사고 다음날(3월 27일)에 함장은 당시 실종자 가족들 앞에서 다음과 같이 증언하였다.

"쾅하는 소리와 함께 암흑 같은 상황이었고 저희 함정의 반쪽은 없어진 상태였습니다. 생존자 당직자들이 증언하기로는 순간적으로 1초였다고 합니다."

– SBS 〈그것이 알고 싶다, 2010년 4월 17일〉 –

이러한 함장의 증언에 실종자 가족들이 분노하여 함장에게 항의하고, 함장이 도망치는 상황이 벌어졌다. 천안함이 항해 중에 "쾅!"하는 소리와 함께 천안함의 반쪽(함미)이 바다 속으로 사라졌다는 증언에 당시 실종자 가족들이 경악했다. 실종자 가족들은 황당함을 넘어서는 극도의 분노를 표현하였다. 어느 누가 믿겠는가? 갑자기 "쾅!"하는 소리와 함께 천안함이 반파되고, 1초 만에 함미가 사라졌다는 사실을. 그러면 함장의 증언에서 무엇이 진실이고, 무엇이 거짓말인가?

진실(True)은 천안함의 반파와 동시에 1초 만에 함미가 바다 속으로 사라졌다는 증언이다. 이 증언은 100% 진실이다. 조작이 불가능한 반파모습과 일치하고, 조작이 불가능한 함미의 침몰위치와 일치하기 때문이다. 천안함의 반파모습을 이용한 인과관계 검증으로 천안함이 반파하기 전에 이미 함미에 바닷물이 가득했다는 사실을 증명하였다. 천안함의 반파 전에 함미에 바닷물이 가득했기 때문에 반파와 동시에 함미가 가라앉았다. 또한 연돌과 가스터빈을 포함하는 주요 파편들이 함미와 같은 위치에 있다는 사실은 반파 후 함미가 1초 만에 가라앉았다는 증거이다. 따라서 함장이 말한 "1초"만에 함미가 사라졌다는 증언은 100% 진실이다.

거짓말(Lie)은 갑자기 "쾅!"하는 소리와 함께 천안함이 반파되었다는 증언이다. 천안함은 갑자기 "쾅!"하는 소리와 함께 반파된 것이 아니다. 인과관계 검증으로 천안함의 좌초 후 수밀문 폐쇄가 46장병들의 사망 및 천안함 반파의 원인이라는 사실이 증명되었다. 함장과 생존자들은 좌초에서 반파까지 모든 일을 경험하고, 함미의 장병들이 어떻게 사망했는지를 모두 알고 있다. 좌표분석과 물리적 증거들에 따르면 함장과 생존자들은 모두 천안함의 좌초 후 수밀문 폐쇄로 장병들이 사망하는 모습을 직접 목격한 사람들이다. 함장과 국방부는 범죄혐의가 성립하는 '좌초에서 반파까지 시간'을 생략하고, 천안함이 한 순간에 "쾅!"하는 소리와 함께 반파되었다고 거짓말을 하였다. 천안함이 한 순간에 "쾅!"하고 반파되었다고 주장함으로서 자신들의 범죄혐의를 벗어났다.

이러한 함장의 증언은 거짓말의 특징을 잘 보여준다. 자신의 범죄혐의가 있는 사실을 숨기고, 일부 진실을 말하는 것이다. 좌초에서 반파까지 30분의 반파과정을 숨기고, 갑자기 "쾅!"하는 소리와 함께 천안함이 반파되었다고 증언하였다. 좌초에서 반파까지 시간이 사라진 함장의 증언을 어느 누가 이해할 수 있단 말인가? "쾅!"하는 소리와 함께 천안함이 반파된 후에 단 "1초"만에 함미가 사라졌다는 증언을 어느 누가 믿겠는가? 이후 유가족의 강력한 반발과 언론의 의혹제기가 이루어지고, 국방부는 결국 천안함이 백령도 근해에서 좌초하였다는 조작시도를 포기한다. 이후 백령도 근해의 좌초를 시사하는 함장과 일부 생존자의 증언은 시간이 지나면서 미묘하게 "북한의 어뢰공격"을 시사하는 증언으로 바뀐다. 이러한 모든 것이 거짓말의 특징을 그대로 보여준다.

6. 대한민국과 세계를 대상으로 범죄를 저지르다

천안함 사건의 초기에 해군과 국방부는 천안함 사건을 백령도 근해에서 발생한 단순좌초로 조작을 시도하였다. 해군이 사고 다음날 실종자 가족들 앞에서 실시한 천안함의 사고에 대한 발표가 명백한 증거이다. 이러한 발표에 유가족들이 극도로 반발하고, 당시 언론에서 국방부 발표에 수많은 의문을 제기하였다. 이후 정부와 국방부는 천안함 사건을 북한의 어뢰공격으로 결론짓고, 천안함 사건에 대한 입장을 〈합동조사 결과 보고서: 천안함 피격사건〉(국방부, 2010.8.20)으로 마무리한다.

그리고 정부와 국방부는 국민들을 대상으로 심리전(心理戰)을 전개하고, 유엔에서 북한을 천안함 살인의 책임자로 규정하고 규탄하였다. 또한 한국과 국제사회에서 진행되던 북한에 대한 지원을 중단하게 하고, 북한에 대한 여러 제제를 실시하였다. 북한에 대한 대표적 제제조치로 '5.24조치'가 있다.

천안함 사건을 북한의 어뢰공격으로 규정한 이명박 정부는 2010년 5월 24일에 북한에 대한 제재조치, 소위 '5.24조치'를 발표하였다(연합뉴스, 2010.6.23). 남북의 교류 및 교역을 중단하고, 북한에 대한 투자와 대북지원을 중단시켰다. 이러한 5.24조치는 현재까지 진행되고 있는데, 최근에 정부가 5.24조치의 일부를 해제하려고 하였다. 이에 야당과 보수단체, 그리고 상당수의 국민들이 반대를 하였다.

그러면 정부가 대한민국 국민과 국제사회를 대상으로 벌인 일들이 왜 범죄행위가 되는가? 그 이유를 정리하면 다음과 같다.

① 정부와 국방부가 주장하는 북한의 어뢰공격은 100% 조작이다.
천안함의 반파원인을 보여주는, 조작이 불가능한 10가지 물리적 증거들에 대한 인과관계 검증으로 정부와 국방부의 어뢰공격 주장이 조작이라는 사실이 증명되었다. 정부와 국방부의 어뢰공격 주장은 100% 조작이요, 새빨간 거짓말이다. 그럼에도 불구하고 아직까지 문재인 정부는 천안함이 북한의 어뢰공격으로 반파되었다는 입장을 공식적으로 유지하고 있다.

② 정부와 국방부는 "북한의 어뢰공격에 의해서 천안함이 반파되지 않았다"는 사실을 알고 있었다.
천안함의 사고원인을 보여주는 수많은 물리적 증거들, 다수의 생존자들과 목격자들, 해병대원이 천안함의 반파모습을 촬영한 TOD 동영상, 그리고 천안함의 사고모습을 담은 다수의 CCTV 동영상이 있다. 그 수많은 증거들에서 천안함의 반파원인과 사고시간을 모른다는 것

은 불가능하다. 정부와 국방부가 천안함 사건의 진실을 감추기 위해서 조직적으로 물리적 증거들을 조작하고, 북한의 지도자들을 살인자로 만든 것이다. 북한이 어뢰공격으로 천안함을 격침한 것이 아니라는 사실을 알고 있으면서 정부와 국방부가 북한을 범죄국가로 만들었다. 북한의 지도자들은 한 순간에 아무런 죄가 없는 우리 장병들을 살해한 냉혹한 살인자가 되었다.

③ 정부와 국방부는 국민들을 대상으로 심리전(心理戰)을 전개하였다.

정부와 국방부는 천안함 사건에 대한 물리적 증거들을 조작하고, 조작된 증거를 언론을 통해서 국민들에게 선전하고, 국민들이 북한의 어뢰공격을 믿게 하였다. 또한 사이버사령부를 운영하여 비밀리에 천안함 사건에 대한 댓글과 블로그를 조작하였다. 이러한 행위들은 전쟁 상황에서 적에게 쓰는 심리전이다. 자국의 국민들을 대상으로 심리전을 사용한 정부와 국방부의 행위는 명백한 범죄행위이다. 민주주의 국가에서는 결코 일어날 수 없는 일이 21세기 대한민국에서 일어났다.

④ 정부는 북한을 범죄국가로 몰아서 제재하였다.

정부는 천안함 사건을 북한의 어뢰공격 사건으로 규정하고, 북한을 범죄국가로 만들었다. 그리고 북한의 지도자들을 살인자로 만들었다. 또한 북한의 책임을 물어서 이명박 정부는 2010년 5월 24일에 북한에 대한 제재조치를 발표하였다. 이러한 북한에 대한 제재조치는 지금까지 지속되고 있는데, 현재까지 남북교류를 막는 장애가 되고 있다.

⑤ 정부는 유엔(UN)에서 북한을 범죄국가로 몰아서 규탄하였다.

대한민국 정부는 유엔안전보장이사회의에 천안함 어뢰공격을 안건으로 올리고, 북한의 천안함 공격을 규탄하는 의장성명을 채택하도록 하였다(조선일보, 2010.5.31). 이러한 조치로 북한은 고립된 살인국가 이라는 이미지와 함께 국제사회에서 완전히 고립되고, 북한이 추구하는 경제개방 정책은 매우 큰 타격을 받았다.

정부와 국방부는 대한민국 국민과 북한, 그리고 국제사회를 대상으로 범죄를 저질렀다. 정부와 국방부는 자신들이 책임이 있는 천안함 사건을 북한의 어뢰공격으로 조작하고, 북한을 살인국가로 만들었다. 그리고 조작된 사실을 국민들이 믿게 하고, 조작된 사실을 이용하여 국제사회가 북한을 고립된 살인국가로 대하도록 하였다.

정부와 국방부가 자행한 범죄를 해결하는 책임은 이제 문재인 대통령과 촛불정부에 있다. 이전 정부의 범죄에 대한 해결책임은 현 정부에 있다. 문재인 대통령은 천안함이 북한의 어뢰공격으로 반파되지 않았다는 사실을 잘 알고 있다.

문재인 대통령과 정부는 천안함 범죄에 대하여 국민들에게 공개적으로 사과하고, 천안함 범죄에 대한 해결책을 제시해야 한다. 북한과 국제사회에 천안함 사건의 조작에 대하여 공개적으로 사과하고, 그에 대한 후속대책을 마련해야 한다. 이에 문재인 대통령과 정부의 결단을 촉구하는 바이다.

이제 문재인 대통령이 결단해야 한다. 국민들은 천안함의 진실을 원한다. 정부의 어뢰공격 주장을 지지하는 사람도, 어뢰공격 주장을 반대하는 사람도 모두 진실을 원한다. 우리 국민들은 어느 누구도 대통령이 거짓말로 자신들을 속이는 것을 원하지 않는다. 우리 국민들은 어느 누구도 자신이 선출한 대통령이 국방부나 여론의 눈치를 보면서 거짓말하는 것을 원하지 않는다.

진실은 강하다. 오직 진실만이 천안함 사건을 완전히 해결할 수 있다. 우리 국민들은 현명하고 강하다. 대통령과 지도자들은 우리 국민들이 천안함의 진실을 감당할 능력이 없다고 멋대로 판단하지 마라. 문재인 대통령은 자신을 선출한 국민들을 믿고, 오직 진실(True)만을 말해야 한다.

제7장

천안함 범죄를 고발하며

인과관계 검증으로 좌초 후 수밀문 폐쇄가 46장병들의 사망원인이라는 사실을 완전히 증명하였다. 천안함의 반파원인을 보여주는 10가지 물리적 증거들이 모두 좌초 후 수밀문 폐쇄 주장과 100% 인과관계가 성립하였다. 수밀문 폐쇄 주장에서 10가지 물리적 증거들 사이에 어떠한 모순도 없다. 이로써 천안함 장병들의 사망원인이 '좌초 후 수밀문 폐쇄'라는 사실이 완전히 증명되었다.

그러면 누가 수밀문을 폐쇄하였는가? 수밀문의 폐쇄행위가 왜 살인행위가 될 수 있는가? 왜 함장과 국방부에 살인혐의가 성립하는가?

1. 누가 수밀문을 폐쇄하였는가?

좌초 후 수밀문 폐쇄가 천안함 반파 및 집단사망의 원인이라면, 누가 수밀문을 폐쇄하였는가? 천안함에서 수밀문을 폐쇄한 책임은 누구에게 있는가? 함장과 국방부가 아닌 다른 원인에 의해서 수밀문 폐쇄가 이루어질 가능성은 없는가? 이러한 질문에 대한 대답을 위해서 천안함의 지휘체계 및 수밀문과 관련된 사실들을 살펴보자.

① 천안함의 수밀문은 내구성이 매우 강력하다.

함선의 수밀문은 전쟁 상황에서 발생할 수 있는 어뢰폭발이나 공중폭격에 대비해서 매우 강력한 내구성을 갖는다. 어뢰폭발이나 공중폭격으로 함선이 손상되거나 반파되었을 때 수밀문은 함선이 곧바로 침몰하지 않도록 한다. 수밀문은 특정지역으로 유입되는 바닷물이 다른 지역으로 이동하는 것을 막는다. 이러한 이유로 함선의 수밀문은 매우 강력한 내구성을 갖도록 설계 제작된다.

② 천안함의 수밀문은 다양한 개폐장치가 있다.

기본적으로 수밀문의 옆에 있는 레버를 돌려서 개폐할 수 있다. 그리고 전기나 유압장치로 수밀문의 개폐가 어려운 경우에 수동펌프를 사용할 수 있다. 또한 조타실 및 기관조종실에서 원격으로 각 수밀문을 닫을 수 있는 장치가 있다. 이러한 다양한 개폐장치가 있는 이유는 수밀문의 일부 개폐장치가 고장 날 경우에 대비하기 위해서이다. 어떤 충격으로 전기가 나가거나 유압장치에 이상이 있는 경우에도 다른 방법으로 천안함의 수밀문을 개폐할 수 있다. 이러한 다양한 수밀문의 개폐장치 역시 어뢰폭발이나 공중폭격에 대비한 것이다.

③ 천안함이 반파하기 전까지 수밀문을 손상시킬 수 있는 충격이 없었다.

밤 9시 15분경 함미선저에 발생한 좌초는 충격이 크지 않았다. 함미의 하단에 좌초흔적이 뚜렷한 점을 고려할 때에 천안함의 함미선저가 수중암초를 쓸고 통과한 것으로 추정된다. 따라서 좌초에 의한 충격은 수밀문을 손상시킬 정도의 충격이 아니다. 또한 천안함은 밤 9시 15분경에 대청도 서해에서 좌초한 후 20여분 동안 북쪽(백령도 서해)으로 항해를 하였다. 이러한 사실은 천안함에 수밀문을 손상시킬 정도의 충격이 없었다는 증거이다. 또한 함미의 익사한 장병들도 별다른 상처가 없었으며, 생존한 장병들도 대부분 별다른 상처가 없었다. 이러한 사실 역시 천안함의 수밀문을 손상시킬 정도의 충격이 없었다는 증거이다.

④ 천안함의 수밀문 폐쇄는 현장의 최고지휘관인 함장의 책임이다.

함장은 천안함에서 최종적 명령권자로서 절대적 존재이다. 좌초상황에서 천안함의 수밀문 폐쇄에 대한 책임은 기본적으로 함장에 있다. 좌초라는 위기상황의 함정에서 함장의 권한은 절대적이다. 함선의 좌초상황에서 장병들이 함장의 명령을 따르지 않는 것은 거의 불가능하다.

물론 함미에서 함수로 통하는 수밀문을 직접 폐쇄한 사람은 함장의 명령을 받은 장병들(장교, 하사관, 사병)이었을 것이다. 함미에 바닷물이 들어차는 위기상황에서 함미의 장병들이 자신들의 탈출로가 되는 수밀문을 폐쇄할 수는 없다. 따라서 함장의 명령에 따라 함수에 있던 장병들이 수밀문을 폐쇄한 것으로 보는 것이 타당하다. 그러나 군의 지휘체계를 고려할 때 좌초상황에서 수밀문 폐쇄 및 개방에 대한 책임은 기본적으로 함장에 있다.

⑤ 천안함의 좌초에서 반파까지 약 30여분 동안 수밀문이 폐쇄되었다.

천안함의 좌표분석에 따르면 좌초에서 반파까지 수밀문 폐쇄는 약 30분 동안 지속되었다. 군의 지휘체계를 고려할 때 함장은 상급지휘관들과 연락을 하고, 수밀문 폐쇄에 대한 대응방법을 논의했을 것이다. 군의 지휘체계를 고려할 때에 함장은 상급지휘관들에게 먼저 연락을 하고, 상급지휘관들과 상의 하에 해경에 구조요청을 했을 것이다. 그 상황에서 함장의 수밀문 폐쇄를 지휘할 수 있는 사람은 상급지휘관들이다. 이러한 점에서 함장의 상급지휘관들 역시 수밀문 폐쇄에 책임이 있다고 판단한다.

위와 같은 사실에 따라 천안함의 수밀문을 폐쇄한 책임은 현장의 최고지휘관인 함장과, 함장의 상급지휘관들에 있다고 판단한다. 함미에서 함수로 통하는 수밀문이 열리지 않은 이유는 수밀문이 어떠한 충격이나 손상을 받아서가 아니다. 천안함의 수밀문과 관련된 사실들은 함장과 국방부에 의해서 수밀문 폐쇄가 지속되었다는 사실을 시사한다.

2. 좌초 후 수밀문 폐쇄는 살인행위이다

천안함의 좌표분석과, 조작이 불가능한 물리적 증거들은 천안함의 좌초 후 반파까지 약 30분 동안 수밀문 폐쇄를 시사한다. 여기서 수밀문 폐쇄의 책임은 기본적으로 함장과 국방부에 있다. 그러면 수밀문을 폐쇄한 행위가 왜 살인행위가 될 수 있는가?

① 좌초상황에서 함미의 장병들의 유일한 탈출로가 수밀문이다.

천안함의 좌초 후 반파까지 수밀문 폐쇄의 책임은 기본적으로 함장과 국방부에 있다. 최초의 좌초상황에서 함장이 함미에서 함수로 연결되는 수밀문을 폐쇄한 것으로 판단한다. 아마도 좌초상황에서 함미의 장병들이 각자의 위치를 이탈하지 않고, 침수상황에 대처하도록 수밀문을 폐쇄했을 수 있다. 좌초상황에서 혼란과 공포가 함장의 판단에 부정적 영향을 주었을 것이다. 그 이유야 어찌되었든 수밀문 폐쇄로 장병들은 바닷물이 들어차는 함미에서 탈출을 하지 못하고 익사하였다. 수밀문 폐쇄로 함미의 장병들은 차마 말할 수 없는 죽음을 맞이하였다. 이러한 이유에서 수밀문을 폐쇄한 행위는 살인행위가 될 수 있다. 그리고 함장과 국방부에 '미필적 고의에 의한 살인혐의'가 성립할 가능성이 매우 높다.

② 함장과 국방부는 수밀문을 개방하지 않을 경우에 함미의 장병들이 사망할 수 있다는 사실을 모를 수 없다.

좌표분석에 따르면 천안함의 수밀문은 밤 9시 15분경 좌초에서 9시

45분경 반파까지 30여분 동안 폐쇄되었다. 좌초 후 반파까지 30여분의 시간 동안 함장과 국방부는 함미의 장병들이 익사할 수 있다는 사실을 모를 수 없다. 함미에 있는 많은 CCTV가 촬영하는 화면을 상황실에서 볼 수 있기 때문이다. 또한 함미의 장병들이 함수로 계속 구조요청을 했을 것이다. 따라서 함장과 생존자들은 모두 수밀문 폐쇄로 함미의 장병들이 익사할 수 있다는 사실을 모를 수 없다. 또한 천안함의 함장과 연락을 취한 상급지휘관들 역시 수밀문을 계속 폐쇄할 경우에 함미의 장병들이 익사할 수 있다는 사실을 모를 수 없다. 그럼에도 불구하고 그들은 천안함의 반파까지 끝끝내 수밀문을 개방하지 않은 것으로 판단한다.

③ 함장과 국방부가 좌초상황에서 수밀문 사용원칙을 따르지 않은 것으로 판단한다.

함선에서 수밀문은 건물의 방화셔터와 같은 역할을 한다. 수밀문은 좌초상황에서 특정 지역으로 들어차는 바닷물이 다른 지역으로 이동하는 것을 막는다. 따라서 함선은 좌초나 어뢰폭발로 반파한 경우에도 일정 시간동안 부력을 유지한다. 이러한 수밀문의 가장 중요한 목적은 인명구조(人命救助)이다. 수밀문의 폐쇄는 반드시 사람들이 탈출한 후에 이루어져야 한다. 함미의 위험지역에 있는 장병들을 탈출시키면서 차례로 수밀문들을 폐쇄시켜야 한다. 이것이 수밀문의 사용원칙이다. 그러나 천안함의 위기상황에서 수밀문 사용원칙이 지켜지지 않은 것으로 판단한다. 조작이 불가능한 물리적 증거들은

제7장 – 천안함 범죄를 고발하며 199

함장과 국방부가 바닷물이 들어차는 위험지역에 장병들을 남긴 채 수밀문을 끝끝내 개방하지 않았다는 사실을 시사한다.

④ 좌초 후 수밀문을 개방할 경우에 모두 살 수 있었을 것이다.

물론 좌초 후 혼란상황에서 함장이 잘못된 판단으로 수밀문을 일시적으로 폐쇄할 수 있다. 수밀문을 폐쇄하고 장병들이 자신들이 위치한 자리에서 좌초에 대응하도록 할 수 있다. 그러나 좌초 후 바닷물이 계속해서 함미로 들어차는 상황에서 수밀문을 개방하지 않는 행위는 살인행위로 볼 수 있다. 함미에 바닷물이 들어차는 상황에서 수밀문을 끝까지 개방하지 않은 행위는 어떠한 이유로도 용납될 수 없다. 함미의 좌초상황에서 수밀문이 폐쇄되어서는 안 된다. 함미의 장병들이 위험한 상황에서 수밀문을 개방하고 장병들과 함께 탈출했어야 한다.

⑤ 좌초 후 곧바로 대청도 근해로 피신을 하였다면 모두 살 수 있었을 것이다.

천안함의 좌표분석은 천안함이 밤 9시 15분경에 대청도 서해에서 좌초했다는 사실을 보여준다. 좌초 후에 곧바로 대청도 해안으로 피신하였다면 모든 장병들이 살았을 것이다. 좌초라는 위기상황에서 함장과 국방부는 장병들의 목숨을 최우선으로 고려해야 한다.

위와 같은 이유에서 나는 함장과 국방부에 살인혐의가 있다고 판단한다. 그들은 함미에 바닷물이 들어차는 위기상황에서 수밀문의 폐쇄원칙을 지키지 않고, 천안함의 반파순간까지 수밀문을 계속 폐쇄한 것으로 판단한다. 함장과 국방부에 최소한 '미필적 고의에 의한 살인혐의'가 성립할 가능성이 매우 높다.

> 천안함의 장병들은 수밀문 폐쇄로 사망하였으며, 수밀문 폐쇄의 책임은 기본적으로 함장과 국방부에 있다. 천안함의 좌초에서 반파까지 함장과 지휘관을 포함해서 어느 누구도 수밀문을 개방하지 않은 것으로 판단한다. 함장과 국방부 지휘관들은 어느 누구도 함미의 장병들을 죽음에서 구하지 못하였다. 이러한 이유에서 함장과 국방부에 "미필적 고의에 의한 살인혐의"가 성립한다.

3. 천안함 살인사건의 용의자들

천안함 1주년 기념식 행사에서 함장이 북한에 대한 분노를 표현하는 것을 보고, 나는 황당함을 넘어 분노하였다. 천안함 범죄의 유력한 용의자가 자신의 책임을 피하기 위해서 북한의 어뢰공격을 운운하다니! 저 사람에게 털끝만큼이라도 양심이 있을까? 나는 북한의 책임을 말하는 함장을 보면서 분노하였다.

그날 나는 천안함 사건의 진실을 밝히는 투쟁을 시작하고, 범죄용의자들을 검찰에 고발하려고 하였다. 그러자 자식들이 반대하였다. 아빠가 위험에 처할 수 있다며 자식들이 만류하였다. 하여 그날 자식들과 약속을 하였다. 천안함 5주년이 되는 2015년 3월 26일까지 천안함 사건의 진실이 밝혀지지 않는다면, 그때는 내가 천안함 사건의 진실을 밝히는 싸움을 하기로 했다. 그리고 아이들과 약속한 날까지 천안함 사건의 진실은 드러나지 않았다.

그리하여 2015년에 직장을 그만두고, 천안함 범죄를 밝히는 투쟁을 시작하였다. 천안함 범죄를 고발하는 책을 쓰고, 함장과 국방부를 46 장병들에 대한 살인혐의로 검찰에 고발하였다. 그 후 지금까지 천안함 범죄의 진실을 밝히는 외로운 투쟁을 계속하고 있다.

천안함 사건의 발생부터 지금까지 나의 생각은 변함이 없다. 모든 물리적 증거들은 좌초 후 수밀문 폐쇄로 천안함이 반파되었다는 사실을 보여준다. 이러한 사실은 조작이 불가능한 10가지 물리적 증거들에 대한 인과관계 검증으로 완전히 증명되었다. 그리고 좌초에서 반파까지 수밀문 폐쇄의 일차적 책임이 함장과 국방부에 있다. 이러한 사실은 천안함 장병들의 사망에 대한 책임이 함장과 국방부에 있다는 사실을 보여준다.

함장과 지휘관

천안함 살인사건의 첫 번째 용의자로 함장과 부함장, 그리고 장교들이 있다. 그들은 천안함 좌초의 현장에 있는 지휘관들로서 수밀문 폐쇄에 기본적인 책임이 있다.

물론 천안함의 현장 지휘체계를 고려할 때에 가장 큰 책임은 함장에 있다. 함장은 천안함의 최종 명령권자이다. 그의 결정은 장교들을 통해서 하사관 및 사병들에게 "거부할 수 없는 명령"으로 전달된다. 이러한 이유에서 천안함의 좌초상황에서 수밀문 폐쇄의 가장 큰 책임은 함장에 있다.

천안함 함미가 좌초한 상황에서 함장은 함미의 장병들을 함수로 이동시키면서 차례로 수밀문을 폐쇄시켜야 한다. 함선은 일반 선박보다는 훨씬 촘촘하게 수밀문이 있으며, 수밀문의 내구성은 매우 뛰어나다. 따라서 천안함이 좌초한다고 곧바로 가라앉지 않는다. 천안함의 좌표분석은 천안함이 좌초한 후 정지까지 최소 20여분 이상을 항해하였다는 사실을 보여준다. 이러한 사실은 천안함의 좌초로 인한 침수가 급격하게 이루어지지 않았다는 증거이다.

또한 함장은 천안함의 좌초에서 반파까지 30여분 동안 끝끝내 폐쇄된 수밀문을 개방하지 않은 것으로 판단한다. 천안함 함미가 좌초한 후에 두려움이나 잘못된 판단으로 수밀문을 잠시 폐쇄할 수 있다. 그러나 함미에 쏟아지는 바닷물로 장병들이 사망할 수 있는 상황에서 계속 수밀문을 폐쇄한 행위는 살인행위가 될 수 있다.

위와 같은 이유에서 함장에 46장병들에 대한 살인혐의가 있다. 장병들의 사망에 대한 법적 책임이 함장에 있다고 생각한다.

| 함장과 지휘관들에 올림 |

너무도 안타까운 마음에 마지막으로 함장과 지휘관들에게 몇 글자 적는다. 함장과 지휘관들이 죽음보다 더한 그 고통에서 벗어나기를 바라며 당부의 말을 전한다.

천안함의 반파원인에 대한 모든 의문과 논쟁은 이미 끝났다. 어느 누구도 조작할 수 없는 물리적 증거에 의해서 정부와 국방부의 범죄는 이미 증명되었다. 천안함 범죄를 증명할 수 있는, 천안함의 반파원인을 직접 보여주는, 아무도 조작할 수 없는 물리적 증거들이 너무도 많다. 또한 천안함의 진실을 알고 있는 목격자들이 너무 많다. 이러한 상황에서 문재인 정부가 계속해서 천안함 사건의 조작과 거짓말을 방관할 수 없다. 이제 문재인 대통령과 촛불정부의 결단만 남은 상태이다.

문재인 대통령은 멀지 않은 시기에 천안함의 진실을 국민들에게 직접 밝힐 것이다. 내가 아는 문재인 대통령은 융통성이 없는 원칙주의자요, 양심에 따라 행동하는 도덕주의자이다. 문재인 대통령은 자신의 양심에 위배되는 거짓말을 국민들에게 태연하게 할 수 있는 사람이 아니다. 그는 자신을 선출한 국민들을 속일 수 있는 그런 사람이 아니다. 그의 삶이 그러하다.

문재인 대통령이 계속해서 천안함 행사를 피할 수 없다. 그리고 천안함 사건에 대해서 계속해서 침묵할 수 없다. 그가 계속해서 침묵하도록 남북관계와 국제정세, 그리고 국민여론이 가만두지 않을 것이다. 문재인 대통령이 천안함의 사건에 대해서 국민들에게 직접 입장을 밝혀야 하는 바로 그때. 어쩔 수 없이 말해야 하는 그때. 그는 진실을 말할 것이다. 그때는 국방부도 어찌하지 못한다. 천안함 사건에 책임이 있는 상급지휘관들이 이미 상당 수 교체되었다.

> "함장과 지휘관들이여!
> 지금 당장 유가족을 찾아가서 무조건 용서를 빌라."

함장과 지휘관들이여! 정부와 국방부의 눈치를 보지 말라. 국민들의 눈치도 보지 말라. 그러한 때는 이미 늦다. 유가족들이 당신들에게 의문을 제기하기 전에 먼저 유가족을 찾아서 용서를 빌라. 지금까지 당신들을 믿어준 국민들이 당신들을 의심하기 전에 국민들에게 용서를 빌라. 유가족의 물음에 한 치의 거짓도 없이 마음을 다해서 대답하고, 진심으로 용서를 구하시라. 모조건 빌고 용서를 구하시라.

그래도 용기가 나지 않는다면....... 그날 너무도 원통하게 사망한 부하장병들에게 용서를 받는 길이 무엇인지. 아직도 그날의 참혹한 기억에서 벗어나지 부하 장병들을 위하는 길이 무엇인지. 생각하시라.

함장의 상급지휘관들

천안함 살인사건의 또 다른 용의자는 함장의 상급지휘관들이다. 군의 지휘체계를 고려할 때 천안함 함장의 상급지휘관 역시 천안함 장병들의 사망에 책임이 있다고 생각한다.

천안함은 대청도 서해에서 밤 9시 15분경에 좌초하고, 밤 9시 45분경에 백령도 근해에서 반파하였다. 그리고 천안함의 좌초에서 반파까지 약 30여분 동안 수밀문이 폐쇄된 것으로 판단한다. 그 시간동안 함장은 무엇을 하겠는가? 함장은 천안함의 상황을 상급지휘관에 보고하고, 좌초 상황에 대한 대응을 협의했을 것이다. 그리고 상급지휘관의 명령을 받아서 수밀문 폐쇄를 유지하였을 것이다. 군의 지휘체계를 고려할 때에 함장이 상급지휘관들에 연락을 하지 않고, 단독으로 30여분 동안 수밀문 폐쇄를 유지하기 어려울 것이다. 함장이 해경에만 연락을 취하고, 상급 지휘관에게 연락을 취하지 않았을 가능성은 없다. 함장의 연락을 받은 상급지휘관들은 수밀문 폐쇄유지에 동의하거나 혹은 최종적 판단을 함장에게 넘겼을 것이다. 이러한 이유에서 함장의 상급지휘관들에 46장병들에 대한 살인혐의가 성립할 가능성이 높다.

나는 천안함 수밀문 폐쇄의 책임이 기본적으로 함장과 국방부(상급지휘관들)에 있다고 생각한다. 이러한 이유에서 나는 2015년 7월 15일에 함장과 국방부를 천안함 장병들의 살인혐의로 검찰청에 고발하였다. 이후 함장과 국방부를 법정에 세우고자 법적인 대응을 계속하였으나 실패하였다. 현재는 정부와 국방부가 나를 무고죄(誣告罪)로 고발해주기를 기다리고 있다.

4. 천안함 재판을 준비하며

천안함의 좌표분석과, 조작이 불가능한 물리적 증거들에 대한 인과관계 검증은 함장과 국방부에 46장병들의 죽음에 대한 책임이 있다는 사실을 시사한다. 좌표분석과 물리적 증거들은 천안함의 좌초 후 수밀문 폐쇄로 46장병들이 익사하였다는 사실을 보여준다. 그리고 수밀문 폐쇄에 대한 책임은 기본적으로 함장과 국방부에 있다. 이러한 이유에서 함장과 국방부에 '미필적 고의에 의한 살인혐의'가 있다고 판단한다.

하여 나는 함장과 국방부 및 관계자들의 범죄혐의를 〈한사람을 기다리며 천안함을 고발하다1.2〉(밥북, 2015; eBook 합본, 2018)에서 낱낱이 고발하였다. 또한 나의 주장이 잘못되었을 경우에 법적 책임을 지기 위하여 함장과 국방부 및 관계자들의 범죄혐의를 검찰에 고발하였다.

2015년 7월 15일에 함장과 국방부를 '천안함 46장병들에 대한 살인혐의'로 검찰에 고발하였다. 그리고 '천안함 사건을 조작하고, 국민을 대상으로 심리전(心理戰)을 전개한 혐의'로 대한민국 국방부, 김태영 전국방부장관, 김성찬 전해군참모총장, 박정이 전육군대장(천안함 민국합동조사단 공동단장), 육덕용 박사(천안함 민국합동조사간 공동단장)를 고발하였다. 그리고 나의 고발에 대한 지방검찰청의 기각, 고등검찰청에 항고 및 기각, 지방법원에 재정신청과 기각이 있었다. 그 후 지금까지 정부와 국방부가 나를 무고죄(誣告罪)로 고발해주기를 기다리고 있다.

다시 한 번 나의 주장에 대한 법적 책임을 약속드린다. 나의 법적 책임이 필요한 12가지 주장은 다음과 같다. 이러한 12가지 주장을 법정에서 증명할 것이며, 법정에서 증명하지 못할 경우에 법적 처벌을 달게 받을 것이다.

① 천안함은 2010년 3월 26일 밤 9시 15분경에 대청도 서해에서 함미선저가 좌초하였다. 그리고 함미선저의 좌초로 파공이 발생하고, 파공으로 바닷물이 들어찼다.

② 천안함이 대청도 서해에서 좌초한 후에 함장이 함미의 바닷물이 함수로 들어오는 것을 막기 위해서 수밀문을 폐쇄한 것으로 판단한다. 이후 함미에 바닷물이 들어차는 천안함은 백령도 근해로 피항을 하였다.

③ 천안함은 해경 부함장이 자필로 기록한 9시 33분 위치좌표(37-55-00N, 124-36-06E)를 지나면서 좌회전을 시도하였다. 그리고 천안함은 좌회전 중에 회전관성을 이기지 못하고 우현으로 넘어가면서 정지하였다. 동시에 추진력(앞으로 나가는 힘)을 잃은 천안함의 함미가 가라앉으면서 함수가 공중으로 솟았다.

④ 함장은 함미가 가라앉은 천안함의 수평을 회복하기 위해서 스크루 프로펠러를 강력하게 작동시켰다. 이때 우현 스크루 프로펠러가 해저지면과 접촉하면서 프로펠러의 가장자리가 안쪽으로 휘는 특이한 현상이 발생하였다.

⑤ 천안함은 스크루 프로펠러의 손상과 함께 무동력 상태로 표류

하고, 동시에 천안함의 무게중심부분에 계속해서 절단스트레스가 작용하였다. 천안함에 가해지는 절단스트레스는 우현하단에 작용하는 수축압력과, 좌현상단에 작용하는 팽창압력이다.

⑥ 천안함은 밤 9시 45분경에 절단스트레스의 누적으로 함수가 부러지면서 절단되었다. 절단위치는 공중으로 솟은 함수와 수면 아래 함미의 무게중심부분으로 중간보다 조금 뒤쪽이다.

⑦ 천안함의 수밀문은 밤 9시 15분경부터 밤 9시 45분경까지 약 30분 동안 폐쇄된 것으로 판단한다. 이러한 수밀문 폐쇄가 46장병들의 사망과, 천안함 반파의 직접적 원인이다. 그리고 수밀문 폐쇄의 책임은 기본적으로 함장과 국방부에 있다. 따라서 함장과 국방부에 천안함 46장병들에 대한 살인혐의가 성립할 가능성이 매우 높다.

⑧ 정부와 국방부가 주장하는 '북한의 어뢰공격에 의한 천안함 반파 및 46장병들의 사망'은 조작이요, 거짓말이다. 천안함의 좌표분석과, 조작이 불가능한 물리적 증거를 이용한 인과관계 검증으로 '좌초 후 수밀문 폐쇄'가 천안함 반파 및 46장병들의 사망원인이라는 사실이 증명되었다.

⑨ 국방부가 발표한 천안함 TOD 동영상은 시간이 조작되었다. TOD 동영상에서 '본화면'과 '상단화면 및 하단화면'을 분리하고, 다시 합성하는 방법을 이용해서 TOD 동영상의 시간을 조작하였다. 천안함 TOD 동영상에서 보이는 반파된 천안함은 최소한 밤 9시 44분 이후의 모습이다. 천안함은 밤 9시 45분경에 백령도 근해에서 반파하였다.

⑩ 국방부가 발표한 천안함 CCTV 동영상의 시간은 조작되었다. CCTV 동영상의 화면에서 시간부분을 분리하고, 시간부분을 따로 편집해서 합성하는 방법으로 시간을 조작하였다. 천안함은 밤 9시 15분경에 대청도 서해에서 좌초하였다.

⑪ 국방부가 북한의 어뢰공격 증거로 제시한 소위 '1번 어뢰'는 천안함을 공격한 어뢰가 아니다. 그 이유는 소위 '1번 어뢰'가 천안함을 공격하면서 폭발한 경우에 '페인트칠이 모두 사라지고, 1번 글자만 남는 것'은 불가능하기 때문이다. 어뢰폭발 뿐만 아니라 어떠한 경우에도 '페인트칠이 모두 사라지고, 1번 글자만 남는 것'은 불가능하다.

⑫ 정부와 국방부는 천안함 사건을 9시 22분경 북한의 어뢰공격에 의한 침몰로 조작하고, 언론을 통해서 북한의 어뢰공격을 국민들에게 선전하고, 국민들이 북한의 어뢰공격을 믿게 하였다. 또한 인터넷 댓글과 블로그를 조작하여 국민들이 북한의 어뢰공격을 믿게 하였다. 한마디로 정부와 국방부는 국민들을 상대로 심리전(心理戰)을 전개하는 만행을 저질렀다.

이상의 12가지 사항들은 나의 확고한 주장으로서 법적인 책임이 필요한 부분이다. 그리고 위에서 언급하지 않은 이 책의 내용에 대해서도 법적인 책임을 질 것이다. 다만, 이 책의 내용에서 보편적 상식이나 합리적 추론에 근거한 주장이나 시나리오에 대해서 책임을 묻지 말기를 부탁드린다.

5. 천안함의 진실을 위하여

"2010년에는 백령도 해상에서 천안함을 어뢰 공격으로 폭침시켜 46명을 사망케 하였다."

– 교학사 한국사교과서 내용의 일부 –

고등학교 한국사 교과서에 천안함 사건이 실렸다. 역사교과서에 천안함 사건이 '북한의 어뢰 공격에 의한 침몰'로 기술되었다. 천안함이 북한의 어뢰공격으로 침몰한 것으로 우리 아이들이 그렇게 역사를 배우게 되다니! 우리 아이들이 그렇게 날조된 역사를 배우다니!

천안함 사건은 이제 역사적 사건이 되었다. 천안함 사건은 이제 어느 개인이나 집단의 잘못을 가리기 위한 것이 아니다. 천안함 사건은 이제 누구의 거짓말을 밝히거나 혹은 누구의 책임을 묻는 것에서 벗어났다.

앞으로 천안함 사건과 관련된 수많은 자료나 증거들, 반파된 천안함의 함미와 함수, 국방부가 북한의 어뢰공격이라 하는 모든 증거들, 천안함 사건과 관련된 사람들의 모든 증언, 보안해제에 따른 기밀자료들, 그리고 천안함과 관련된 재판과 그 참여자들에 대한 자료는 모두 보존되고 기록되어야 한다. 그리고 우리의 후손들은 21세기 대한민국에서 발생한 천안함 사건과 그 관계자들을 연구하고 역사적 평가를 하게 될 것이다.

(1) 생존 장병들을 위하여

천안함의 생존 장병들이 외상 후 스트레스 장애(PTSD)를 경험한 다는 보도가 있었다(동아일보, 2010.10.1; 동아일보, 2010.12.17). 어떤 장병은 몸이 마르고, 악몽에 시달리고, 음식을 토하고, 그날의 참혹한 기억을 벗어나지 못한다고 한다. 그리고 군을 제대한 후에 많은 장병들이 사회적응에 어려움을 경험하는 것으로 알려졌다. 전우들의 죽음을 목격하면서도 아무 것도 할 수 없었던 그들이 겪는 고통은 말로 표현할 수 없을 것이다. 생존 장병들은 아직도 그날의 고통에서 벗어나지 못하고 있다. 이 아픔은 반드시 치유되어야 한다.

천안함 생존 장병들이 경험하는 외상 후 스트레스 장애는 약물치료만으로는 제한이 있으며, 심리상담이 병행되어야 한다. 무엇보다 가슴 속에 묻어둔 그날의 기억과 아픔을 토해내야 치유될 수 있다. 만약 그들이 그날의 참혹한 기억을 가슴 속에 묻어준다면, 그 고통은 평생 지속될 수 있다. 지금은 별 다른 심리적 문제를 보이지 않는 장병들도 어느 순간에 과거기억을 자극하는 사건을 경험할 경우에 심리적 혼란을 겪을 수 있다. 이것은 몇 년 만에 치유되는 것들이 아니다. 그들은 스스로 죄의식에 사로잡혀서 고통을 받으면서 하루하루를 버티고 있다. 이제 죄의식에서 벗어나 그날의 상처를 치유하고, 국가는 그들에게 장기적인 치료계획과 다양한 사회적 지원방안을 마련해야 한다. 외상 후 스트레스 장애로 독립적 생활유지가 어려운 사람들에게는 경제적 지원도 이루어져야 한다. 이것은 조국을 위해서 희생한 사람들에 대한 국가의 의무이다.

천안함 생존 장병들은 지금 그날의 참혹한 기억을 말하고 싶어도 말할 수가 없다. 정부권력은 생존 장병들에게 침묵을 강요하고, 생존 장병들이 그날의 기억을 가슴에 묻는 것이 사망한 동료들을 위한 것이라 믿게 하였다. 그리하여 생존 장병들은 그날의 아픔을 가슴에 묻고, 그날의 아픔에서 벗어나지 못하면서 외상 후 스트레스 장애를 경험하고 있다. 이러한 책임은 정부권력에 있다. 이러한 이유에서 외상 후 스트레스 장애를 경험하는 생존 장병들에게 국가차원에서 의료적 지원과 사회적 지원, 그리고 경제적 지원이 이루어져야 한다.

천안함의 생존 장병들은 함장과 지휘관들의 명령을 수행하는 군인들이다. 물론 전우의 생명을 해칠 수 있는 상관의 부당한 명령을 거부해야겠지만, 현실적으로 생존 장병들에게 함장과 지휘관들의 명령을 거부할 권한도 힘도 없다. 더구나 좌초라는 위기상황에서 생존 장병들이 함장과 지휘관들의 명령을 거부하기는 불가능하다. 이러한 점에서 생존 장병들의 법적인 책임은 없으며, 또한 어떠한 책임문제를 따지는 것도 무의미하다.

이제 우리가 나서야 한다. 우리의 자식과 형제들이 그날의 아픔과 참혹한 기억에서 벗어날 수 있도록 도와야 한다. 우리들이 생존 장병들을 도울 수 있는 그 시작이 바로 천안함 사건의 진실을 밝히는 것이다. 천안함 사건의 진실을 밝혀서 생존 장병들이 그날의 아픔과 참혹한 기억에서 벗어나 이 사회에서 떳떳하게 살 수 있도록 해야 한다.

(2) 억울하게 사망한 장병들의 영혼을 위하여

천안함 장병들은 억울하게 죽음을 맞이했다. 그날 그들은 너무도 고통스럽고 참혹하게 죽음을 맞이했다. 그들이 믿고 따르던 함장과 지휘관들은 자신들을 죽음에서 구하지 못하였다. 그들과 동거동락(同居同樂) 하던 전우들이 할 수 있는 것은 아무 것도 없었다. 만약 이 세상에 영혼이 있다면, 그 영혼은 억울해서 저 세상으로 떠나지 못했을 것이다. 이제 그 영혼들이 억울함을 풀고 편안히 저 세상으로 갈 수 있도록 해야 한다.

천안함 사건에 대한 다수의 증거들은 사망한 장병들이 자신들의 임무에 충실히 수행하다가 함장과 국방부의 잘못된 대응으로 죽음을 당했다는 사실을 시사한다. 좌초 후 반파까지 계속된 수밀문 폐쇄가 천안함 장병들의 사망원인이라는 사실은 이미 증명되었다.

이제 천안함 사망 장병들의 억울한 죽음을 밝혀야 한다. 그들의 억울한 죽음을 밝혀서 구천을 떠도는 영혼들이 고통이 없는 저 세상으로 갈 수 있도록 해야 한다. 그리고 천안함 사망 장병들에 대한 보상과 예우를 특별법으로 따로 만들어야 한다. 정부가 이미 실시한 보상은 북한의 어뢰공격으로 사망한 것에 대한 보상이다. 정부와 국방부는 수밀문 폐쇄로 장병들이 사망한 결과에 대한 책임이 있다. 이제 국가는 천안함 장병들이 자신의 임무를 수행하다가 국방부(해군)의 잘못된 대응으로 사망한 것에 보상을 해야 한다. 사망한 장병들의 유가족들이 겪는 그 아픔을 조금이라도 덜고, 유가족들이 남은 인생을 조금이라도 편히 자식들을 기리며 살 수 있도록 해야 한다. 그리고 온 국민들이 천안함 사건을 기억할 수 있도록 국가적 차원에서 기념관 건립과 기념사업을 지원해야 한다. 천안함 행사가 반쪽행사가 아니라 정부의 주관 하에 이루어지는 전 국민적 행사가 되어야 한다.

(3) 새로운 남북관계와 21세기 대한민국을 위하여

지난 4월에 판문점 평화의 집에서 역사적인 남북정상회담이 열리고, 이후 5월에 판문점 통일각에서 2차 정상회담이 열렸다. 지난 9월에는 문재인 대통령이 평양을 방문하면서 3차 정상회담이 열렸다. 그리고 북한의 김정은 위원장은 12월에 남한을 방문하여 역사적인 4차 남북정상회담을 개최할 예정이다.

그야말로 6.25전쟁 이후 서로 대립과 반목으로 반세기를 넘게 싸우던 남북이 새로운 남북관계를 향해서 치달리고 있다. 대한민국은 새로운 남북관계를 통해서 21세기 새로운 대한민국 건설을 꿈꾸고 있다. 대한민국은 지금 새로운 역사를 쓰고 있다.

그러나 남북정상의 역사적인 회담에도 불구하고 남북 사이에 잠재된 심각한 문제가 있다. 그것은 바로 천안함 사건이다. 천안함 사건이 남북관계의 발전을 방해하는 심각한 문제라는 사실은 평창동계올림픽에서 확인되었다.

지난 2월에 개최된 평창동계올림픽에 북한이 참여한다는 소식과 함께 북한의 참여를 반대하는 시위들이 열렸다. 그리고 북한의 김영철 노동당 부위원장이 평창동계올림픽 폐막식에 참석하기 위해 남한을 방문하였을 때에 돌발사태가 벌어졌다. 김영철 부위원장이 남한의 시위대에 막혀서 뒷문을 이용해서 도망치듯 이동한 것이다. 이날 시위대들은 김영철 부위원장을 천안함 폭침의 주범이라 주장하면서 그의 길을 막았다. 이러한 일은 김정은 위원장의 방문에서도 똑같이 일어날 것이다. 아니 김영철 부위원장의 방문 때보다 심한 반대와 시위가 벌어질 것이다. 김정은 위원장이 남한을 방문할 경우에 남북관계를 파탄시킬 수 있는 심각한 돌발사태가 발생할 수도 있다.

이제 김정은 위원장은 스스로를 증명해야 한다. 자신이 무고한 46장병들을 살해한 살인자인지, 아니면 남북의 번영과 통일을 이끄는 지도자인지.

나는 생각한다. 정부와 국방부의 주장대로 천안함이 정말로 북한의 어뢰공격에 의해서 반파되었다고 하자. 이러한 경우에 김정은 위원장에 천안함 46장병들에 대한 살인혐의가 성립한다. 김정은 위원장의 남한방문을 반대하는 사람들의 주장처럼 김정은 위원장이 천안함 반파의 최고책임자이다. 따라서 김정은 위원장의 남한방문을 반대하고, 그를 "살인자"로 부르는 것이 당연하다.

그러나 천안함은 북한의 어뢰공격에 의해서 반파되지 않았다. 북한의 어뢰공격은 불가능하다. 단 1%의 가능성도 없는 새빨간 거짓말이다. 절대로 조작이 불가능한 천안함의 물리적 증거들에 대한 인과관계 검증으로 북한의 어뢰공격이 불가능하다는 사실이 이미 증명되었다.

이제 끝내야 한다. 정말로 이제는 끝내야 한다. 천안함 사건의 진실은 이미 밝혀졌다. 인과관계 검증으로 천안함 반파의 원인에 대한 모든 논쟁과 의문은 끝났다. 조작이 불가능한 물리적 증거들에 의해서 천안함 사건의 반파원인이 명백하게 밝혀졌다. 또한 천안함 장병들의 사망에 대한 책임이 누구에게 있는지 명백하게 밝혀졌다. 이러한 사실을 외면하지 말자. 아무리 고통스러울 지라도 진실을 외면하지 말자.

문재인 대통령과 권력핵심은 이미 천안함 사건의 진실을 알고 있다. 문재인 대통령은 후보시절에 천안함 사건에 대한 국방부 발표를 믿지 않았던 사람이다. 문재인 대통령과 촛불정부는 지난 정부의 최대 범죄라 할 수 있는 천안함 사건을 반드시 검토했을 것이다. 군 최고통수권자로서 문재인 대통령은 천안함 사건에 대한 내부보고를 받을 수 있고, 또한 천안함 CCTV 및 해병대 TOD(열상카메라)의 원본을 볼 수 있는 위치에 있다.
그럼에도 불구하고 문재인 정부에서 천안함 범죄는 계속되고 있다.

아직까지 정부의 공식입장은 '북한의 어뢰공격에 의한 천안함 침몰'이다 (헤럴드경제, 2018.2.23). 정부는 공식적으로 북한의 천안함 폭침을 용서할 수 없다는 입장이다. 이러한 사실은 문재인 정부가 이전 정부가 자행한 천안함 범죄를 계승한다는 것을 의미한다. 또한 문재인 정부에서 국방부는 조작된 증거를 천안함 재판부에 제출하고 있다. 이러한 정부의 입장과 국방부의 사법부 기만행위는 모두 범죄행위가 될 수 있다.

특히 문재인 정부에서도 국방부는 천안함 CCTV 및 해병대 TOD의 원본을 공개하지 않고 있다. 국방부는 천안함 재판부에 CCTV 동영상 및 해병대 TOD 동영상의 원본을 제출하지 않고 있다. 그들은 시간을 조작한 동영상을 천안함 재판부에 제출하였다. 문재인 정부와 국방부는 민주주의 근간을 훼손하는 일, 헌법기관인 재판부를 기만하는 일을 중단해야 한다.

문재인 대통령과 촛불정부는 천안함 사건을 끝내야 한다. 이전 정부와 국방부가 자행한 천안함 범죄를 끝내야 한다. 북한의 김정은 위원장를 신뢰할 수 있는 친구로 대하면서 천암함 사건에 대하여 침묵하는 것은 정의(正義)가 아니다. 더구나 천안함의 진실을 알고 있으면서 침묵하는 것은 김정은 위원장을 천안함 장병들의 잔혹한 살인자로 만드는 행위이다.

문재인 대통령은 언제까지 천안함 사건에 침묵하고, 유가족이 참여하는 천안함 행사를 피할 것인가? 통일부 홈페이지에서 천안함 사건에 대한 내용을 일부 바꾼다고 천안함 사건이 해결되지 않는다. 천안함 폭침을 이유로 북한에 가해졌던 제제를 해제한다고 문제가 해결되지 않는다. 오직 진실(True)만이 천안함 사건을 해결할 수 있다. 오직 진실만이 천안함 사건의 조작으로 꼬여버린 모든 문제들을 해결할 수 있다.

이제 문재인 대통령의 결단이 필요하다. 천안함 사건을 해결하기 위한 특단의 정부대책이 필요하다. 천안함 범죄에 대하여 대통령이 입장을 밝히고, 국가적 차원에서 조사가 이루어져야 한다. 천안함 사건에 대한 조사는 누구를 처벌하기 위한 것이 아니라 '용서와 화해 그리고 치유'를 위한 것이다. 정부는 천안함 장병들의 사망에 대하여 유가족에게 진심으로 사죄해야 한다. 이전 정부는 천안함 사건을 북한의 어뢰공격 사건으로 조작하고, 천안함 사건을 정치적으로 이용하였다. 또한 북한을 국제사회에서 고립시키고, 북한을 살인집단으로 만들어 제제하였다. 이러한 문제를 해결할 책임은 이제 문재인 대통령과 정부에 있다. 문재인 대통령과 정부는 이전 정부의 범죄행위에 대하여 북한에 공식적으로 사과하고, 북한에 가한 제제조치를 해제해야 한다.

그리고 문재인 대통령과 정부는 유엔(UN)에서 북한과 국제사회에 천안함 사건에 대하여 공식적으로 사과하고, 천안함 사건으로 인해서 발생한 모든 문제들을 바로 잡아야 한다. 이러한 일은 민주주의 정부에서 마땅히 할 일이며, 우리나라 대한민국이 문명국가이자 민주주의 국가로 바로 서는 일이다.

- 청원인: 한민국
- 수신인: 문재인 대통령
- 참고인: 김정은 위원장, 임종석 비서실장

문재인 대통령에게 천안함 범죄에 대한
대국민 입장발표를 요청합니다

천안함의 좌표분석과, 조작이 불가능한 물리적 증거들에 대한 인과관계 검증으로 천안함의 '좌초 후 수밀문 폐쇄'가 46장병들 사망 및 천안함 반파의 원인이라는 사실이 완전히 증명되었다. 그리고 천안함의 좌초 후 반파까지 수밀문을 폐쇄한 책임은 기본적으로 함장과 국방부에 있다. 이러한 점에서 함장과 국방부에 46장병들에 대한 살인혐의가 있다. 그러나 정부와 국방부는 천안함 사건을 '북한의 어뢰공격 사건'으로 조작하고, 신문방송을 동원하여 북한의 어뢰공격을 국민들이 믿도록 선전하였다. 나아가 북한의 지도자들을 천안함 장병들의 살인자로 만들어 온갖 비난과 제재를 가하고, 북한을 고립된 살인국가로 만들어 국제사회가 북한을 규탄하도록 하였다. 이러한 행위는 모두 범죄행위이다. 대한민국 국민뿐만 아니라 북한과 전 세계를 대상으로 한 범죄행위이다.

그러함에도 불구하고 문재인 정부에서 천안함 범죄행위는 계속되고 있다. 아직까지 정부의 공식입장은 '북한의 어뢰공격에 의한 천안함 폭침'이고, 국방부는 계속해서 천안함 재판부에 천안함 CCTV 및 TOD(열상카메라)의 원본제출을 거부하고 있다.

천안함의 좌표분석과, 조작이 불가능한 물리적 증거들에 대한 인과관계 검증으로 증명된 사실 내지 판단내용은 다음과 같다.

① 천안함은 대청도 서해에서 밤 9시 15분경에 함미가 좌초한 후 함미에서 함수로 통하는 수밀문이 폐쇄되었다. 이후 백령도 서해로 북상하던 천안함이 북방한계선(NLL)을 앞두고 좌회전을 시도하였다. 그 과정에서 함미에 바닷물이 들어찬 천안함은 우현으로 넘어가면서 정지하였다. 동시에 바닷물이 들어찬 함미가 가라앉고, 함수가 공중으로 솟았다.

② 우현으로 기울어진 천안함의 함미가 가라앉을 때에 천안함의 균형회복을 위하여 스크루 프로펠러를 강력하게 작동시켰다. 그러나 스크루 프로펠러의 작동으로 바닷물이 들어찬 함미를 들어 올리는 것은 불가능하였다. 이때 우현 스크루 프로펠러들이 해저면(뻘)과 충돌하면서 차례로 안쪽으로 휘어들어갔다. 이러한 이유로 천안함 스크루 프로펠러는 전진모드이고, 모든 프로펠러의 가장자리가 안쪽으로 부드럽게 휘어졌다. 이후 천안함은 무동력 상태로 조류를 따라 남동쪽으로 표류하였다.

③ 이후 천안함은 공중으로 솟은 함수와, 수면 아래 함미의 무게중심
부분에 가해지는 절단스트레스로 함수가 부러지면서 반파되었다.
천안함은 '파도의 운동과, 함미의 바닷물의 운동이 교차하면서' 천
안함의 무게중심부분에 강력한 절단스트레스가 작용하였다. 여기
서 천안함의 수면 아래 함미와, 공중으로 솟은 함수의 무게중심부
분이 바로 절단위치이다. 그리고 천안함이 우현으로 기울어지고 함
미가 가라앉은 상태였기 때문에 절단스트레스는 우현하단에 작용하
는 수축압력과, 좌현상단에 작용하는 팽창압력이다.

④ 함미의 장병들은 바닷물이 들어차는 위기상황에서 유일한 탈출로인
수밀문이 폐쇄되었기 때문에 탈출에 실패하였다. 그리고 함미에 고
립된 장병들은 천안함이 반파되기 전에 이미 바닷물이 가득한 함미
에서 익사한 것으로 판단한다.

⑤ 함미의 장병들의 유일한 탈출로인 수밀문은 천안함이 좌초한 밤 9시
15분경부터 천안함이 반파한 9시 45분경까지 약 30분 동안 폐쇄된 것
으로 판단한다. 천안함의 좌초 후 수밀문 폐쇄가 유일한 반파원인이요,
46장병들의 직접적 사망원인이다. 이러한 사실이 어느 누구도 조작이
불가능한, 증거가 명백하게 있는, 또한 천안함의 반파원인을 직접 보여
주는 10가지 물리적 증거들에 대한 인과관계 검증으로 증명되었다.

⑥ 함장과 국방부에 46장병들에 대한 살인혐의가 성립한다. 그 이유는

천안함의 좌초 후 반파까지 계속된 수밀문 폐쇄로 46장병들이 함미에 갇혀서 익사하였는데, 수밀문 폐쇄에 대한 책임이 기본적으로 함장과 국방부에 있기 때문이다. 이러한 이유에서 함장과 국방부에 살인혐의가 있으며, 최소한 '미필적 고의에 의한 살인혐의'가 성립할 가능성이 높다.

⑦ 정부와 국방부는 온갖 거짓말과 증거조작으로 천안함 사건을 북한의 어뢰공격 사건으로 조작하였다. 언론을 통해서 조작된 증거와 거짓말을 발표하고, 국민들이 국방부가 조작한 북한의 어뢰공격을 믿게 하였다. 나아가 사이버사령부를 운영하여 비밀리에 천안함 사건에 대한 인터넷 댓글과 블로그를 조작하였다. 한마디로 국방부는 전시상황에서 적군에게 사용하는 심리전(心理戰)을 자국의 국민에게 사용하는 범죄를 저질렀다.

⑧ 문재인 정부에서도 조작과 거짓말은 계속되고 있다. 아직까지 정부는 공식적으로 "북한의 어뢰공격으로 천안함의 반파 및 46장병들의 사망이 발생하였고, 범죄국가인 북한을 용서할 수 없다"는 입장이다. 이러한 정부의 입장은 이명박 박근혜 정부가 저지른 천안함 범죄를 계승한 것으로 볼 수 있다. 또한 문재인 정부의 국방부는 천안함 재판부의 요구에도 불구하고 아직까지 TOD 동영상 및 CCTV 동영상의 원본제출을 거부하고 있다.

위와 같은 사실 및 판단내용에 따라 문재인 대통령에게 다음 5가지 사항에 대하여 국민들 앞에서 입장발표를 하여 주시기를 요청한다. 오직 진실(True)만이 죽은 자의 원통함도, 그 날의 고통에서 아직도 벗어나지 못하는 살아남은 자의 고통도 끝낼 수 있다. 진실(True)은 강하다. 오직 진실만이 천안함 사건의 조작으로 발생한 모든 문제를 해결 수 있다. 한라에서 백두까지 온 겨레가 함께 하는 새로운 21세기 대한민국 건설을 위해서 대통령의 결단을 촉구하는 바이다.

1. 천안함 범죄에 대한 대통령의 공개적 입장발표를 요청합니다.

천안함의 좌표분석과, 조작이 불가능한 물리적 증거들에 대한 인과관계 검증으로 정부와 국방부가 주장하는 '북한의 어뢰공격에 의한 반파'가 불가능하다는 사실이 증명되었다. 또한 천안함 반파 및 46장병들의 사망원인이 '좌초 후 수밀문 폐쇄'라는 사실이 완전히 증명되었다. 천안함의 좌초에서 반파까지 30여분 동안 수밀문을 폐쇄한 책임은 기본적으로 함장과 국방부에 있다. 그리고 조작이 불가능한 물리적 증거들은 함장과 국방부가 좌초라는 위기상황에서 '수밀문 사용원칙'을 지키지 않았다는 사실을 시사한다. 이러한 이유에서 함장과 국방부에 46장병들에 대한 살인혐의가 성립한다.

그러나 정부와 국방부는 천안함 사건을 북한의 어뢰공격 사건으로 조작하고, 온갖 거짓말과 조작된 증거로 국민들을 기만하는 범죄를 저질렀다. 나아가 북한의 지도자를 살인자로 만들어 온갖 비난과 제재를 가하고, 국제사회가 북한을 규탄하도록 하였다. 이러한 범죄사실에 대하여 대통령께서 국민들에게 직접 입장을 밝혀주기를 요청한다.

2. 천안함 TOD 동영상 및 CCTV 동영상 원본을 대통령께서 국민들에게 직접 밝혀주기를 요청합니다.

문재인 대통령은 군 최고통수권자이다. 적폐청산의 깃발로 일어선 문재인 대통령은 이명박 박근혜 정부의 대표적 범죄인 천안함 조작사건에 대하여 내부보고를 받았을 것이다. 문재인 대통령은 천안함 장병들의 사망과정 및 지휘관들의 대처행동이 담긴 CCTV 동영상과, 천안함의 반파모습이 담긴 TOD(열상카메라) 동영상을 볼 수 있는 위치이다. 대통령 후보시절부터 국방부의 조작과 거짓말을 잘 알고 있는 군 최고통수권자로서 반드시 CCTV 동영상 및 TOD(열상카메라) 동영상 원본내용을 보았다고 확신한다. 이에 대통령께서 본 CCTV 동영상 및 TOD 동영상의 원본을 국민들에게 공개하고, 그 내용을 국민들에게 직접 밝혀주기를 요청한다.

3. 헌법수호를 약속한 대통령으로 국방부가 헌법기관인 재판부를 기만하는 행위를 중지하도록 요청합니다.

문재인 정부와 국방부에서도 천안함 사건에 대한 조작과 거짓말이 계속되고 있다. 현재까지 정부의 공식입장은 "북한의 어뢰공격으로 천안함이 반파되었다"는 국방부의 입장과 동일하다. 그리고 국방부는 조작된 증거와 거짓말로 천안함 재판부를 기만하는 행위를 계속하고 있다. 국방부가 조작된 증거들로 헌법기관인 재판부를 기만하는 행위는 민주주의 정부에서 있을 수 없는 범죄행위다. 독재정부에서나 가능한 일이 촛불정부에서 일어나고 있다. 이러한 불법행위의 책임은 최종적으로 군통수권자인 문재인 대통령에 있다.

이에 헌법수호를 약속한 대통령께서 국방부가 헌법기관인 재판부를 모독하는 행위를 중지하도록 요청한다. 특히 천안함 재판부가 요구하는 '천안함 CCTV 동영상 및 TOD 동영상의 원본제출'에 대하여 국방부가 성실히 이행하도록 해야 한다. 이러한 요구사항에 대하여 대통령께서 국민들에게 직접 입장을 밝혀주시기를 요청한다.

4. 천안함 범죄의 후속대책을 요청합니다.

이명박 박근혜 정부는 천안함 사건을 '북한의 어뢰공격사건'으로 조작하고, 국민들을 속이고, 이를 정치적으로 이용하였다. 그 결과 함미에서 참혹하게 죽음을 맞이한 46장병들은 억울함을 풀지 못하고, 살아남은 장병들은 하루하루 그날의 고통 속에서 살아가고 있다. 천안함 사건을 중심으로 국민들이 서로 불신과 대립으로 맞서 싸우고, 남북관계는 10년 전으로 후퇴하였다. 북한은 국제사회에서 범죄국가로 낙인찍히고, 온갖 비난과 제재로 북한이 추구하는 개혁개방정책은 엄청난 타격을 받았다.

이러한 천안함 범죄를 해결하기 위해서, 상처받은 사람들의 치유와 국민화합을 위해서 대통령의 결단이 필요하다. 백두에서 한라까지 온 겨레가 함께하는 새로운 21세기 대한민국 건설을 위해서 정부차원의 특단의 대책이 필요하다. 이에 대한 대통령의 입장을 국민들에게 직접 밝혀주시기를 요청한다.

5. 천안함 범죄에 대한 대국민사과와, 유엔(UN)에서 북한과 국제사회에 공식적으로 사과할 것을 요청합니다.

그 이유야 어찌됐든 대한민국은 천안함 사건으로 북한의 지도자들을 살인자로 몰아서 부당하게 겁박하고, 국제사회를 기만하였다. 국제사회에서 북한을 범죄국가로 고립시키고, 국제사회가 북한을 고립된 살인집단으로 보게 하였다. 그리고 남북교류를 중단하고, 북한에 대한 경제제제를 단행하였다. 천안함 사건에 대한 참으로 비겁하고 비열한 행위의 책임은 기본적으로 이전 정부에 있다.

그러나 현재 문재인 대통령과 정부는 대한민국을 대표한다. 이전정부에서 시작된 국가적 범죄에 대하여 대통령과 정부가 책임을 지고 국민들에게 사과하고, 유엔에서 북한과 국제사회에서 공식적으로 사과하는 것이 마땅하다. 이러한 사과는 문명국가의 민주정부로서 마땅히 해야 할 일이다.

이에 문재인 대통령과 정부에 천안함 사건에 대한 대국민사과와, 유엔에서 북한과 국제사회에 공식적으로 사과할 것을 요청한다. 이에 대한 대통령의 입장을 국민들에게 밝혀주시기를 요청한다.

문재인 대통령에 고(告)함

지난 4월과 5월에 판문점에서 역사적인 남북 정상회담이 열리고, 문재인 대통령이 9월에 평양을 방문하면서 3차 정상회담이 열렸다. 이제 김정은 위원장의 12월 남한방문을 앞두고 있다. 그야말로 반세기를 넘게 대립하던 남북이 조국의 평화와 번영을 위해서 두 손을 맞잡았다. 지금 대한민국은 새로운 역사를 쓰고 있다.

그러나 문재인 대통령과 김정은 위원장의 역사적인 정상회담에도 불구하고 앞으로 남북관계는 순탄치 않을 전망이다. 그 이유는 남북 사이를 가로 막는 천안함 사건이 있기 때문이다. 지난 평창동계올림픽에 김영철 노동당 부위원장이 남한을 방문하였을 때에 돌발사태가 발생하였다. 남한의 시위대가 천안함 46장병들의 살인자라며 김영철 부위원장의 길을 가로막은 것이다. 이에 김영철 부위원장은 남한의 시위대에 막혀서 뒷문을 이용해서 도망치듯 이동하였다.

앞으로 김정은 위원장이 남한을 방문할 경우에 김영철 부위원장의 방문 때보다 훨씬 격렬한 반대와 시위가 벌어질 것이다. 최악의 경우에 김정은 위원장이 남한을 방문하는 도중에 남북관계를 파탄시킬 수 있는 심각한 사태가 발생할 수 있다.

김정은 위원장은 스스로를 증명해야 한다.

이제 김정은 위원장은 남한 방문에 앞서서 스스로를 증명해야 한다. 자신이 무고한 46장병들의 살인자인지, 아니면 남북의 평화와 번영을 이끌어가는 통일의 지도자인지. 자신의 무죄(無罪)를 증명하지 못할 경우에 김정은 위원장의 남한 방문은 남북갈등과 남남갈등의 시한폭탄이 될 것이다.

정부의 주장대로 북한의 어뢰공격으로 천안함이 반파되었다면 김정은 위원장은 무고한 46장병들을 살해한 잔혹한 '살인자'요, 김영철 부위원장은 '살인자의 똘마니'이다. 북한의 어뢰공격이 사실이라면 김정은 위원장의 방남을 반대하는 투쟁은 대한민국 국민으로서 마땅히 할 일이다. 내 형제 내 가족을 살해한 자를 용서한다고? 웃기는 소리마라. 그러한 말은 비겁자들의 변명일 뿐이다. 나 역시 가만있지 않을 것이다. 나는 비위가 약해서 내 형제를 살해한 원수와 악수하며 아무 일도 없는 것처럼 손을 맞잡고 웃을 수 없다.

그러나 천안함은 북한의 어뢰공격에 의해서 반파되지 않았다. 천안함의 조작이 불가능한 10가지 물리적 증거들에 대한 인과관계 검증으로 국방부가 주장하는 어뢰공격 주장이 거짓이라는 사실이 완전히 증명되었다. 또한 조작이 불가능한 10가지 물리적 증거들로 천안함의 '좌초 후 수밀문 폐쇄'가 46장병들의 사망 및 천안함 반파의 유일한 원인이라는 사실이 완전히 증명되었다. 정부와 국방부가 천안함 사건을 북한의 어뢰공격으로 조작하고, 신문방송을 동원하여 국민들이 북한의 어뢰공격을 믿게 하였다. 북한의 지도자들을 살인자로 만들어 국제사회가 북한을 규탄하도록 하였다. 이것은 모두 범죄행위이다.

이제 문재인 대통령이 결단해야 한다.

이제 문재인 대통령이 결단을 해야 한다. 국민은 개돼지가 아니다. 국민은 오직 진실을 원한다. 정부와 국방부의 어뢰공격 주장을 지지하는 사람도, 어뢰공격 주장을 지지하지 않는 사람도, 모두가 진실을 원한다. 어떤 국민도 자신이 선출한 대통령이 거짓말로 자신을 속이는 것을 원하지 않는다. 대통령과 지도자들은 천안함의 진실을 국민들이 감당하지 못할 것이라 제멋대로 판단하지 마라.

문재인 대통령은 대한민국 국민의 힘과 지혜를 믿고, 오직 진실만을 국민들에게 전하라. 오직 진실만이 꼬여버린 천안함 사건을 완전히 해결할 수 있다. 어떠한 이유로도 국민들을 속이지 마라. 우리 국민들은 강하고 현명하다. 자신을 선출한 국민의 힘을 믿고, 무소의 뿔처럼 나아가라.

역사 앞에서 한민국 올림

【알림1】 본 청와대 국민청원은 문재인 대통령과 김정은 위원장, 그리고 임종석 비서실장에게 다양한 경로로 전달됩니다.

【알림2】 청와대 국민청원은 청원수가 20만이 넘어서 문재인 대통령의 공식적인 입장발표가 있을 때까지 계속됩니다. 국민청원의 제목과 청원자를 확인하고, 우리의 힘을 모아서 꼭 20만을 넘깁시다. 그리하여 천안함 사건을 끝내고, 21세기 새로운 대한민국의 시작을 알리는 문재인 대통령의 대국민 입장발표를 들어봅시다.

【참고】 〈누가 그들을 죽였는가? 천안함 살인사건의 10가지 물리적 증거〉(한민국, 2019)

누가 그들을 죽였는가? 천안함 살인사건의 10가지 물리적 증거

펴낸날 2019년 1월 2일

지은이 한민국
펴낸이 주계수 | **편집책임** 윤정현 | **꾸민이** 전은정

펴낸곳 밥북 | **출판등록** 제 2014-000085 호
주소 서울시 마포구 양화로 59 화승리버스텔 303호
전화 02-6925-0370 | **팩스** 02-6925-0380
홈페이지 www.bobbook.co.kr | **이메일** bobbook@hanmail.net

© 한민국, 2019.
ISBN 979-11-5858-502-0 (03330)

※ 이 도서의 국립중앙도서관 출판시도서목록(CIP)은 e-CIP 홈페이지(http://www.nl.go.kr/cip)에서 이용하실 수 있습니다. (CIP 2018042786)